中學生

寫作力練成

跟着「摑時」寫好文章

游欣妮 著

萬里機構

自序

　　設計此書的章節安排時，內心早已篤定無論分多少章節，每章有多少篇目，都要將全書的篇目數量維持在三十一篇。因為我希望鼓勵同學嘗試訂立短期目標，堅持每天看一篇，一個月就能看完整本書。

　　每個篇目裏均包括前言、游老師文章分享、搜捕寫作靈感、創作意念及詞彙工具箱（創作意念、實用詞語庫）、試試動筆寫（寫作題目、寫作前想一想、自我檢查）、延伸閱讀，共六個部分，各部分都有獨特的「任務」，冀望能以多元化的方式引發同學培養讀寫興趣，恆常練習，多讀多寫。

　　前言：簡介了該篇章的主題，發掘、展示與該主題相關的生活經驗，以期觸發思考，並在思考的過程中感受、體會主題內容與生活的緊密關連，強化文章的生活感；

　　游老師文章分享：寥寥數語簡介文章的創作原委或背景，然後在文章的不同段落配上簡單的解讀，望能輔助讀者解讀作品，作為刺激同學分析文章的小小藥引。我自己寫作的時候，完全不會在下筆之前計劃好哪個地方要用哪種技巧或方法強調、突顯主題、立意，或是有效輔助表達。倒是在閱讀的時候，有時會在有意無意之間嘗試剖析文章，繼而反思、學習，相信這習慣在寫作上也帶來了正面的作用；

　　搜捕寫作靈感：這欄分享了好些我在閱讀時得到過啟示、引發思考的篇章、書目，我更貪婪地引用了許多書裏的精彩句子或段落，述說其引起我觀察、反思、疑惑或共鳴之處。引用的材料不一定是流麗精致的佳句名篇，因為我深信能夠讓我們有所學習的絕對不限於文學

經典名著。必須說明這點，全因常常被問到如果閱讀量已經少，何不只要求最起碼讀讀經典便算？我絕對支持要讀經典，但也希望同學在閱讀經典的同時，也多讀不同範疇、類型的作品，擴闊學習基礎，開展視野，觸類旁通，於我們的創作大有裨益。現實的情況使我不時調整推廣閱讀的模式，無論由經典開始閱讀之路，或是從文學類型以外的作品起步，再一步一步進入經典的殿堂，都值得欣賞；

另外，文章裏可以撿拾、打磨成寫作題材的地方會列舉相關問題，除了鼓勵大家思考，更重要是在深思的同時找出自己感興趣的、有興趣嘗試寫作的內容，未必是回答了所有問題即可成就一篇文章，但想寫出一篇文章，可以嘗試在其中選用一些合適的問題解說並延伸，彷彿玩互動問答題或「自問自答」的遊戲；

創作意念及詞彙工具箱：此部分包含三十個創作意念，都是一些平日在閱讀或創作時相對常見、多用的，當中有特別標示的是我在該主題上選用過的意念。意念分三個不同層次，難易程度為主要考慮因素，當然每個人的喜好、能力有異，不可一概而論。願大家謹記，這裏的分野縱使程度有深淺，但並無層次之高低，選用哪一個創作意念，並不影響作品的深度。想好了文章的意念、主題、想要表達的最重要訊息之後，就要思考如何突出立意和主題。不必強逼自己每個意念都必須選用，能夠在練習中發掘到某幾個自己最為熟悉，篩選出能強化個人的寫作信心的意念更會帶來意外驚喜；

實用詞語庫部分羅列其中一些曾在篇章中出現的實用詞語，輔助同學建立、豐富個人詞語庫，待寫作的時候遣詞用字更得心應手；

試試動筆寫：第一部分的寫作題目內設三道題目，可說相當輕鬆隨意，既有指定題目，也有開放題，但沒有指定的寫作文體，甚至歡迎大家以該三個題目為基礎，發揮自己的創意設計出更多題目自行練習。因為設此欄目的最大目標是推動同學嘗試就相關主題加以思考並創作，透過練習訓練思維和文筆之餘，也積累寫作經驗；

第二部分的寫作前想一想，問題都較顯淺、基本，可以視為創作

文章時的基礎方向，然後加以延伸，善用細節豐富內容；

第三部分的自我檢查，清單看似基本，但常被忽視，其實每次寫作後校閱、檢視是極為重要的，最少要為文章去除沙石，作適度的增刪修改，若文章是寶石，這一步彷彿將之擦亮，更顯晶瑩剔透；

延伸閱讀：會因應主題列出數本相關書籍的基本資料，期望對該主題有興趣的讀者能乘勢閱讀更多。

起初有一點教我遲疑不決的，就是應否在篇目中加入我曾以該主題創作的作品，分享構思、意念，甚至成文原因和過程？教我猶豫矛盾的原因很簡單：既想同學知道這些題材都可實際應用，但又不想好像為自己寫過的文章「賣廣告」，所以好生苦惱。最後鐵定加入舊文，全因多年來聽過好幾次的，同學提出的詰問：「你常叫我們寫，常說可以這樣寫，你自己有沒有寫呢？」也正因有此疑問，這些年來「催生」了我筆下好些文章。想來，能夠一同寫，一同評賞，親身體會教學相長的益處，實在相當幸運。

不得不提的是，特別鳴謝文友龍傑慷慨借出鴻文，成為我們學習的榜樣。其中第三十一篇裏引用的小說，正是其大作。讀者也許疑惑，為何我沒有寫過該主題，卻仍收納於書中？何不直接刪除相關主題？之所以堅持將之留下，最重要的原因是想讓大家感受到其實我和大家都一樣，也有不熟悉的，甚至害怕的寫作主題，正因如此，才更有經常閱讀、不住學習、多作練習的必要。

相信不只寫作，任何事物都好，許多學習榜樣教曉我們純粹找到學習的方法或有助於短時間內應付、處理、解決問題；只是，如果要在某一方面游刃自如，不斷學習、堅持練習和積累經驗才是不二法門。任何一件事，先要做得到，才有機會做得好，持之以恆與行之有效，是相輔相成的兩大關鍵，若連嘗試邁開腳步都不願意，如何能飽覽路上風景，收穫經歷？這是我時刻對自己的提醒。

點點淺見，絕非萬能萬用，只願拋磚引玉，在分享交流中有所獲益。盼望大家都能找到適合自己的學習方法，熱心閱讀，享受寫作。

目錄

第 1 章

關心身邊人

 父母

　　在我們心目中，爸爸媽媽是怎樣的人？他們的容貌、外形、打扮如何？個性、處事為人的態度、習慣如何？更仔細一點，我們可曾細心留意父母的音容面貌？可曾牽着他們的手細看一手掌紋，感受掌心溫度？感情或親近，或疏離，都是值得書寫的題材。

　　或許我們很難記得起孩提時代與父母相處的記憶，無可否認現實環境之下的確有許多限制，各人亦有自己的成長故事，看過太多使人錐心疼痛的新聞，我不敢斷言天下無不是之父母，更不敢斷言所有父母都愛錫自己的兒女。不過面對父母，一對幾乎是我們最親密的家人，我們有何感受？在他們身上，我們遺傳了甚麼？學到了甚麼？父母之於我們，有何影響？

　　無論愛或不愛，不解，甚至磨擦，把這些經歷細緻書寫下來，都是認識自己、面對自己的其中一個好方式。有關自己與父母之間的故事，無論是溫情洋溢抑或傷痕纍纍，都可能是一些很私密的語言。同學或有疑惑，如果我不公開這些故事，可以嗎？以此為題還有意義嗎？其實是絕對沒有問題的，有時寫文章除了為達到目的，如交功課、參加比賽等等，寫作也可以是認真直面自己的感受、抒發情感、發現自我、認清自我、自我安撫、療癒，繼而成長的一種方式，甚至是扶助，是推動我們向前的一種力量。

游老師文章分享

作者
悄悄話

我也曾以爸爸媽媽為題書寫文章，當中記錄了我與爸爸媽媽的日常生活點滴和難忘時光，希望能透過這些片段令讀者感受到父母對我們的愛與關懷，若可使讀者讀後回想自己與父母的相處和關係就太好了！

那些時光

＋ 原載游欣妮：《摵時前傳—游樂園》（香港：突破出版社，2013 年）

別人都說我跟媽媽像姐妹，我喜歡跟她一起挽着手在街上走。我倆高度相若，而且媽媽看起來相貌還很年輕。我常笑說媽媽保養得好，令一臉孩子氣的我站在她旁邊看起來也變得「老成」。

自從我出生以後，媽媽一直專心在家做全職家庭主婦，相夫教子。到我升讀中二，爸爸由肉檔小販變成豬肉檔的老闆，小小的店裏，他既是老闆，也是員工。那時，媽媽才重投社會的懷抱，每天到爸爸的檔口抹抹牆壁，洗洗地板，一個早上過去，她也就回家打理家務了。

在文章開首，運用外貌描寫，描繪媽媽的外形、日常生活及興趣，讓媽媽在作者心目中的形象具體顯現在讀者眼前。

後來，豬肉檔的工作輕鬆了，爸爸能夠獨自兼顧生意和打掃衞生，媽媽又回復家庭婦女的身份，從早到晚的生活都離不開一個家。媽媽的興趣不多，不喜歡跟其他太太上茶樓，也不懂得搓麻將，所以除了處理家務，她最多也只是到菜市場買菜，研製新菜式滿足我們的口腹，或打毛衣、看看書。媽媽廚藝了得，我猜也是日子有功的緣故。

有時覺得，媽媽也實在太悶了。我們三姐妹年紀還小的時候，她倒可以以照顧孩子為寄託，但如今我們長大了，在家的時間越來越少，她還有甚麼可作精神依靠呢？

媽媽的生活，變得更苦悶沒趣了。

直至我升讀中七，媽媽在家附近的報紙檔兼職，負責售賣報章雜誌香煙飲品。每天工作四小時，工時不算長，可消磨時間之餘也能處理家事。有了工作後，媽媽的節目從此也多了一點，人也像更開朗了，下班回來，總會說說當天的趣事和所遇到的「特別」的客人。每隔一段時間，媽媽便會帶一張紙回來，上面寫滿了刊物的英文名稱，要我們教她讀，好讓顧客跟她說英語時她也不至於茫無頭緒。

媽媽唸過的英文不多，當她忽然學起英語來，我們都變成她的老師。

我大學三年級那一年，媽媽也跟着我們一起進步。她到了製衣廠工作，當個小文

透過生活小事，觀察到媽媽做兼職後的變化。

員。比起在報紙檔工作時，媽媽變得更積極，更上進。她開始學電腦、學中文輸入法、也更努力地學英文。媽媽把生字整齊地抄在大妹送給她的小本子上，清楚註明字義和讀音，有空的時候便翻開來溫習。我教她上網查字典自學，偶爾也會坐在她身邊看着她練習打字、瀏覽網頁。雖然媽媽未能完全得心應手地操作電腦，常常要靠我提點，但我享受跟她一起對着熒屏指導她的那些時光，緩慢而快樂。

睡覺前，我跟媽媽坐在飯桌前，聽着她把英文生字一個一個唸下去。當我細看那些千奇百怪的譯音，包括廣東話、普通話，甚至家鄉話，我不禁想起自己剛升讀小一時，也用這個方法記英文生字。學習的時間是充滿趣味的，我們總在嘻嘻哈哈的笑聲中完成「課堂」。無論媽媽唸得好不好，錯漏多或少，我也會給她貼貼紙當獎勵。媽媽總是一邊挑選自己喜歡的貼紙一邊說：「又唔係細路仔，仲貼咩貼紙吖。」我相信媽媽跟我學英語是開心的，就像我教她時，心情是那樣的愉快。

「月山2肥 fat 竹女 space 6製……」

運用語言描寫和借事抒情的手法，描寫與媽媽愉快的日常互動，並透過我與媽媽一起學英語，帶出對媽媽的喜愛之情、母女之間的和諧與溫情。

2 搜捕寫作靈感

同學寫作時，可能因為沒有靈感而不知該如何下筆，我們可以一起參考其他作家的作品，精彩的句子和段落都有助激發大家思考。

01 《黑白丹青 —— 朱少璋人物素描》

＋ 朱少璋（香港：匯智出版，2016 年）

《黑白丹青 —— 朱少璋人物素描》中，〈爸爸〉、〈母親的手〉兩篇文章短小精煉，用字毫不晦澀，讀來易於理解而饒富深意，是非常值得學習的美文。

〈爸爸〉

📍 「記憶所及，爸媽的確經常吵架，為的是甚麼卻不曉得了，但只聽見媽媽的哭聲、罵聲，卻從沒聽見爸爸說些甚麼。」[1] 用孩子的視角切入，孩子不曉得爸媽吵架的內容，聽見媽媽哭罵，爸爸卻不動聲色；以綿密緊扣的明示、暗示突出父親和母親的形象，包含母親的感受，使人物形象豐富，鮮明立體。

📍 在「我」眼中，「爸爸有時會失蹤好幾天，幾天後回家就抱起我，偶爾有『豬油糕』或『杏仁餅』吃，都是澳門的地道小吃。」[2] 豬油糕、杏仁餅都是澳門特產，而澳門正是博彩業發展蓬勃的地方，呼應了文章首句「媽媽常說爸爸嗜賭」。

---

1 〈爸爸〉，《黑白丹青 —— 朱少璋人物素描》，頁 3。
2 同上。

〈母親的手〉

📌 「母親的手十分粗糙，就像揉皺了的紙一樣，又似風乾了的桔子皮，很乾，很皺。」[3] 用不同比喻細寫母親的一雙手，突顯母親為了照顧家庭默默付出，操勞艱辛；

📌 「抬頭看看母親，還不算老，卻有着一雙和自己年齡面貌極不匹配的手，那時我似乎明白了些東西，卻又忘了，很模糊的……」[4] 體現、訴說母親勤儉樸實、對子女永遠有無微不至的照顧。

📌 試想一下，我們在爸爸媽媽身上學習到的，包括處事為人的態度、價值觀等又是甚麼？

📌 我們日漸成長的同時，父母也日漸變老，到了父母腰背傴僂、鶴髮雞皮之時，為人兒女者，可願意無微不至地照料父母，珍惜共處的時光？

02 《絢光細瀧》

＋麥樹堅（香港：匯智出版，2016 年）

　　書中〈橙〉一文明確寫了兩個父親的形象，流露身分重疊、照顧孩子的方式有差異而生的複雜、微妙的情感。

〈橙〉

📌 「父親經常說孫女舉起雙手就是要他抱，其實女兒喜歡爺爺抱住她隨意拿東西當玩具。」[5]、「除非我不在場，否則必會正言厲色，一手奪去女兒握得緊緊的玩意 —— 即使父親抱着她，我們面面相覷。」[6]

---

3 〈母親的手〉，同上，頁 12。
4 同上，頁 14。
5 〈橙〉，《絢光細瀧》，頁 116。
6 同上。

📌 「面面相覷」——身份重疊讓「我」既是父親，也是兒子，面對自己的父親，即女兒的爺爺，對於關鍵人物：女兒，同時也是孫女，二人的愛相同嗎？表達愛的方式一樣嗎？

📌 有時我們不明白父母，也自覺不被明白，可以嘗試代入父母的處境，看看能否感同身受。

3 創作意念及詞彙工具箱

找到寫作靈感後，便要為文章訂立清晰的切入點和主題，即為文章立意。以下列舉了不同難易度的創作意念，以及在「游老師文章分享」和「搜捕寫作靈感」出現過的實用詞語，同學寫文章時可按自己的程度和喜好參考、選用。平日閱讀的時候，也可以建立自己獨有的詞語庫呢！

創作意念 ① 難度★

回憶與愛 *	心靈的觸動 *	人情的可貴	對生活的觀察	對時間的珍惜 *
成長的轉變 *	與人相處	面對誘惑	面對或處理過失	面對考驗或困難

創作意念 ❷　難度★★

情感的割捨	對物事的情意	抉擇與拉扯	面對或處理傷痛	面對疾病或死亡
青春回憶或氣息	自我反省與思考 *	面對恐懼	追逐理想	希望或意義 *

創作意念 ❸　難度★★★

對生活的追求	對生活的質疑	留住生活節奏	關係的建立或消逝 *	相見的期盼 *
人性的展現	人生如戲	對社會不同階級的關注或回應	對生命的理解或學習 *	對生命的領悟 *

* 是作者在寫作此篇介紹的主題時曾選用的創作意念

實用詞語庫

有關性格	有關外貌	有關行為
勤儉樸實	正言厲色 腰背傴僂 鶴髮雞皮	面面相覷

④ 試試動筆寫

你想寫作時更得心應手嗎?那就要多寫多練習了!同學可參考下列寫作題目,結合生活中累積的寫作靈感,並參考「創作意念及詞彙工具箱」中的創作意念列表,嘗試創作自己的文章,大家可按個人喜好和強弱揀選寫作文體呢!

寫作題目

① 家長日快到了，我想對爸爸媽媽說……

② 記一次與父母吵架的經歷

③ 爸爸媽媽，為甚麼……？

寫作前想一想

① 這篇文章的最主要訊息是甚麼？

② 爸爸媽媽的形象如何？例如容貌、衣着、談吐、行為舉止等。

③ 爸爸媽媽的個性是怎樣的？

④ 有哪些事情能顯現他們的個性？

⑤ 我希望讀者看完這篇文章後有何思考、感受或啟發？

自我檢查

① 能夠完整表達出我構思的最重要訊息嗎？

② 文句通順嗎？

③ 詳略安排恰當嗎？

④ 有沒有錯別字？

⑤ 有沒有可以刪除或補充的地方？

5 延伸閱讀

① 陳曉蕾：《阿媽》〔香港：三聯書店，2014 年〕

② 高道原：《愛，要及時：父母在世時你可以做的 45 件事》（台灣：橡實文化，2012 年）

③ 陳鴻彬：《鋼索上的家庭：以愛，療癒父母帶來的傷》（台灣：寶瓶文化，2016 年）

讀寫小錦囊（一）

代入與想像

寫作有時會遇到另一個困難，就是經歷有限，難以傳神地表達任何角色的心聲或細緻完整地敍述經歷和事情始末，也不容易抒發深刻的感受。

閱讀，正好成為帶領我們代入不同人的經歷的優質橋樑。或許生活充滿限制，但我們的眼界和思想仍可遼闊無邊。就如不是人人有機會和能力環遊世界，那麼就應該因為環遊世界這課題與自己距離太遙遠而拒絕閱讀這範疇的書籍嗎？非也，反之更應該多讀多看，代入作者的視覺，讓作者的文字帶領我們的思想環遊世界。其他主題如不同職業的職人生涯故事、不同時代文化背景的人的生命故事等，統統可以開闊我們的眼界，讓讀者對不同範疇有更多甚至更深入的認識、了解。親身經歷固然重要，但在親身經歷以外，善用閱讀來學習，豐富認知，對寫作也有莫大的幫助。

外祖父母、祖父母

經常聽到同學分享，他們這一代的孩子除了由爸爸媽媽照顧外，很多時候外祖父母、祖父母也是親密照顧者，有些在雙職家庭成長的同學，甚至會與長輩的關係更親好，更緊密。

年齡差距愈大，想法、做法、習慣、喜好等等的差異愈多，這些相異之處，為我們帶來哪些衝擊？聆聽長輩話當年，從他們豐富的經歷和生命故事中，我們對舊日的生活面貌、歷史文化有何認識？上一代處事為人、待人接物的態度於我們有哪些提醒和啟發？

更重要的是，和長輩相處，彼此建立了怎樣的關係，培養了怎樣的情感？隔代教育縱偶有磨擦或意見分歧，但能夠三代、四代，甚至五代同堂，也是一種難得的幸福。

游老師文章分享

作者
悄悄話

每一年我可以與祖父相處的時間不多,但到祖父離世的時候,許多與他有關的片段仍是在腦海中自動放映,複雜的傷感情緒在心頭洶湧翻飛。面對親人離世,牽動人情緒、揪動人心靈的時刻、畫面俱有不同,於我而言,葬禮上的某些畫面,至今仍歷歷在目,不得不承認,面對死亡,確實是個極度沉重的課題。

你知道我為你寫詩嗎

＋原載游欣妮:《紅豆湯圓》(香港:匯智出版,2013 年)

(一)

那些你最後的日子
我曾坐在床邊
給你說故事
說一個童話故事好嗎
用你的語言
「古早的時陣,有一個灰小姐……」
然後呢　沒有了
我無從摸索故事的說法
又有誰認識　哪個灰小姐?

記述坐在垂垂老矣的爺爺的床沿,用爺爺的語言給他説故事,角色的轉換暗示了我的成長、爺爺的年邁、衰老,歲月將讓他們悄然分離。

天空流動薄薄如透明的藍

點算時光流逝的姿態陳套像電影橋段

碎碎唸着

便說起日子滾動如磨砂玻璃珠

關於生活的部份

旋轉一圈又一圈

如我的話　你的呼吸聲

你離去前　可知道我已經長大了？

（二）

太陽高掛的日子

平面的雲自然成形

滿街汗水反照澄黃的天色

時間彷彿就凝固

延長無風夏季的午後

唱一首閩南語的歌

我懂的還不過那幾首

模仿你習慣看的電視節目裏的演出

斷續響起間歇走調的語音

傾倒流瀉一室

（三）

日光穩定前移灑落

那曾經寄存我放下的糖果的角落

盪開一抹淡淡橙紅如橘子汁

過於空蕩而枯萎的木桌面

只餘下片片撕掉的日曆

鬍子用不易察覺的速度生長

描寫周遭環境，並用爺爺熟習的語言——閩南語，拉近爺孫之間的距離，期盼時間凝固，暗自流露不捨之情。

自然日光、日用品、身體狀況、水果，種種物品的變化都暗示着日子消逝，爺爺蒼老。

眼皮擺出沉默的姿態過於疲憊

紗窗外的七月如常盛開

然後我便發現

那裏好像曾經有一個放水果的碟子

香蕉褪去微微青黃冒起斑點

夏天的溫度風乾一盤長滿皺紋的梨

（四）

燈泡的鎢絲斷了

伴你許久的睡床折斷了

城市忽然停止供水

大廈的電箱集體罷工

只能搖動大葵扇為你搧風

拒絕相信一切是你遠走的先兆

蒙塵夜色自眼底冒起

最後一次你張開眼

我合上眼祈求街燈昏黃的光圈

永遠亮着

（五）

火紅色的按鈕被按下

單薄的煙

飄升成一朵灰白的雲

我彷彿看見從前

自你指縫間浮起的無重煙圈

吞吐點點火光

而今你指頭瘦弱如枯枝

日後　手執從前向你討的煙紙

我又能喚誰做爺爺

家用品相繼損毀、水電無故終止供應，彷彿爺爺離開的時候越來越近了，即使仍有滿腔的不捨和期許，但歲月終究不饒人。

爺爺離世，回憶爺爺的形象，流露懷念之情。

2 搜捕寫作靈感

同學寫作時，可能因為沒有靈感而不知該如何下筆，我們可以一起參考其他作家的作品，精彩的句子和段落都有助激發大家思考。

01 《佐賀的超級阿嬤》

+ 島田洋七著，陳寶蓮譯（台灣：先覺出版社，2006 年）

家有一老，如有一寶。每一代的成長環境都不同，各有其擅長、可取之處，進步的同時，我們也當在上一代的生活智慧中發掘那些值得學習、值得欣賞的地方。

〈推薦序　笑給天看〉

🔖 「面對困境、抉擇、生存關鍵的『態度』可美、可醜；可以堅定、可以柔軟；可以剛烈，卻也可以逆來順受。」[1] 有一句話：態度決定你的高度，原來態度也決定我們如何面對生活、生存的每個關口。回想過去，使我們克服挑戰、跨越困難的，是怎樣的態度、精神和品格修養？

🔖 和長輩相處，會發現兩代之間有許多相異之處，這為我們帶來哪些衝擊？

---

1 〈推薦序　笑給天看〉（文：吳念真），《佐賀的超級阿嬤》，頁 3。

02 《爺爺的天堂筆記本》

＋ 吉竹伸介著，許婷婷譯（台灣：三采文化，2016 年）

死亡經常被視為忌諱、禁忌話題，尤其對小孩，更是避而不談。偏偏此課題是所有人都必須面對的，既是如此，該從哪一種角度切入，並開放討論，才可稍稍解開心中的疑團？

📌 「或許爺爺很孤單、很寂寞，說不定他其實很害怕會死掉，所以才會寫下這本筆記本？」[2] 面對死亡，因為未知，而且無法預知，人會有怎樣的心情？恐懼？疑惑？或者其他更多複雜的思緒？

📌 「搞不好爺爺是故意寫一些開心、有趣的事，才能讓自己不害怕死亡。」[3] 爺爺的做法，看似自我安撫，卻也帶出了逆向思維的重要。

📌 「想到再也看不到爺爺，我就覺得很孤單，很難過。如果天堂真的像爺爺想像的那樣，我就稍微比較放心了。這都是因為爺爺有留下筆記本的關係。」[4] 面對親人離世，在世的人也有複雜的情緒，例如不捨、傷痛、鬱悶……有時，甚至不知可以怎樣疏導情緒。如果能夠找到排解情緒的出口，因為失去摯親而生的難過也較易得到安撫和平復。我們怎樣面對無法預料的事情？用甚麼方法抒憂解困？

---

2 《爺爺的天堂筆記本》，頁 21。
3 同上，頁 22。
4 同上，頁 28。

③ 創作意念及詞彙工具箱

找到寫作靈感後，便要為文章訂立清晰的切入點和主題，即為文章立意。以下列舉了不同難易度的創作意念，以及在「游老師文章分享」和「搜捕寫作靈感」出現過的實用詞語，同學寫文章時可按自己的程度和喜好參考、選用。平日閱讀的時候，也可以建立自己獨有的詞語庫呢！

創作意念 ❶　難度★

回憶與愛 *	心靈的觸動	人情的可貴	對生活的觀察	對時間的珍惜 *
成長的轉變 *	與人相處 *	面對誘惑	面對或處理過失	面對考驗或困難

創作意念 ❷　難度★★

情感的割捨	對物事的情意	抉擇與拉扯	面對或處理傷痛 *	面對疾病或死亡 *
青春回憶或氣息	自我反省與思考 *	面對恐懼	追逐理想	希望或意義

創作意念 ❸　難度★★★

對生活的追求	對生活的質疑	留住生活節奏 *	關係的建立或消逝 *	相見的期盼 *
人性的展現	人生如戲	對社會不同階級的關注或回應	對生命的理解或學習	對生命的領悟

* 是作者在寫作此篇介紹的主題時曾選用的創作意念

實用詞語庫

有關性格	有關心情	有關行為	其他
逆來順受	揪動 平復	疏導 安撫	歷歷在目

④ 試試動筆寫

你想寫作時更得心應手嗎？那就要多寫多練習了！同學可參考下列寫作題目，結合生活中累積的寫作靈感，並參考「創作意念及詞彙工具箱」中的創作意念列表，嘗試創作自己的文章，大家可按個人喜好和強弱揀選寫作文體呢！

寫作題目

① 外公 / 外婆 / 爺爺 / 嫲嫲說……

② ＿＿＿＿＿＿的外公 / 外婆 / 爺爺 / 嫲嫲

③ 外公 / 外婆 / 爺爺 / 嫲嫲，你知道嗎……

寫作前想一想

① 這篇文章的最主要訊息是甚麼？

② 外公 / 外婆 / 爺爺 / 嫲嫲的形象如何？例如容貌、衣着、談吐、行為舉止等。

③ 外公 / 外婆 / 爺爺 / 嫲嫲的個性是怎樣的？

④ 外公 / 外婆 / 爺爺 / 嫲嫲對我有何影響？

⑤ 我希望讀者看完這篇文章後有何思考、感受或啟發？

自我檢查

① 能夠完整表達出我構思的最重要訊息嗎？

② 文句通順嗎？

③ 詳略安排恰當嗎？

④ 有沒有錯別字？

⑤ 有沒有可以刪除或補充的地方？

⑤ 延伸閱讀

① Hong Kong Elderly Health Services：《細味人生——三十位長者的心聲》（香港：衞生署長者健康服務，2003 年）

② NHK 著，莫海君譯：《60 歲的情書 2》（香港：萬里機構，2006 年）

③ 倪萍：《姥姥說》（台灣：楓書坊文化出版社，2016 年）

④ 岡野雄一著，卓惠娟譯：《小洋蔥媽媽的寶物箱》（台灣：漫遊者文化，2015 年）

兄弟姊妹

　　我常常問同學：「如果要你寫一篇關於兄弟姊妹的文章，你會寫他們的優點還是缺點？會寫他做過的好事還是壞事？」每次我都請同學不要開口回答，只在自己心裏默想答案就可以，但是總會有同學急不可待衝口而出高呼：「壞事！」甚至聽過有人激動地說：「我一定要寫衰佢！」，幾乎青筋暴現，咬牙切齒，彷彿滿腔憤懣未得宣洩。這些時候，多半會引起鬨堂大笑，彷彿說出了許多人的心底話，叫大家心生共鳴。

　　一陣熱鬧歡笑過後，我又會問同學：「你得想想寫這篇文章的目的和意義。你希望讀者讀了你的文章之後有何感覺？希望他們對你的兄弟姊妹有何想法？」另一方面，也會邀請同學思考一下自己與兄弟姊妹之間日夜相處，有的只是單一的感受嗎？不論正面或負面。再尖銳一點的問題：「試想想，如果你是獨生子或獨生女，你的人生會有何不同？」反之亦然。

　　在細心思考的過程中，我們漸漸發現無論擔當任何角色或處身何種崗位，都有某些因着身份而衍生的特殊情貌和感受，這些豐富的情感，也可以是寫作的上乘材料。

1 游老師文章分享

作者悄悄話

能夠和兩個妹妹一起長大，是生命中其中一件深深影響我的事。偶有爭吵，甚至各不相讓，但緊密的關係總使我們不一會就言歸於好。感激人生中有她們的出現，不但為我由童年至現在都帶來了許多無可匹比的樂趣，更重要是讓我深深體會到能夠有一輩子相伴，在分享與分擔之中一同成長，永不分離的好姊妹，是何等幸運，何其幸福。

同胞走難

＋ 原載游欣妮：《摵時前傳 —— 游樂園》（香港：突破出版社，2013 年）

　　我們三姐妹玩過最離奇，最令人摸不着頭腦的遊戲是「同胞走難」。

　　創出此遊戲，全因我們得到了兩本因過期而失去效用的回鄉證。從前回鄉證過期了，再做一本新證後，舊有的那本證件會被打上兩個小孔，表示其已經作廢，可以讓證件持有人帶回家。

開門見山，說明兒時曾和姐妹們玩自創的莫明奇妙的遊戲「同胞走難」。

具體描寫「同胞走難」遊戲的出現、準備工夫和玩法，突顯三姐妹一同玩樂的投入和親密之情。

我們得到這兩件寶物後，家中便掀起一股回鄉熱潮。「回鄉」前，我們三人先各自準備一些行李，並用大毛巾被把一個玩偶放在背上牢牢綁住。一切都準備妥當後，便可以展開回鄉之旅。

我們三人先在沙發上裝作乘火車，一邊搖動身軀假裝車廂搖晃不定，一邊喧鬧聊天，有時則會裝作打瞌睡。下車後，拖着大包小包行李的我們便走到睡房「過關」。睡房門就是關卡，出示回鄉證之後就可以在碌架床上「走難」。我們從下格床床頭的扶梯爬到上格床，再由上格床床尾爬下來，因為雙層床床尾是沒有扶梯的，我們在那邊快速攀爬上落，就能營造出迫切的走難感。我們三姐妹就那樣循環又循環，一直轉到累了才休息。逃難過程中我們會有碰撞，行李包也可能散開，甚至背上的娃娃也會掉下，不過這些小意外只會令我們的走難遊戲更逼真。而且，整個逃難過程一定要快！還要邊走邊呼叫「走呀同胞，走呀！同胞同胞！小心呀同胞！」，時而夾雜驚呼叫喊，彷彿大家真的一同置身於水深火熱之中。

那實在是個極危險的遊戲，幸好我們未試過因此而受傷。我想，我們之所以有同胞走難的概念，晚飯時段的苦情電視劇功不可

沒。到我升中後，「走難」潮便無聲無息地消失了。

　　到了現在，我們三人能一起玩耍的時候不多，要玩像同胞走難這種大型遊戲更是沒可能的了，我們都長得那麼大了，如何在雙層床間亂竄？如今，大家最常接觸的「玩具」是電腦，妹妹們都能輕易掌握電腦小遊戲，大妹更是我們三人中的「專家」。難得小妹玩某些電腦遊戲時仍能非常投入，有舊日走難時的緊張感。我最笨，手、眼、腦總是不協調，她們看我無法順應心意自由按鍵、移動滑鼠，幾乎要「發火」。而我對虛擬遊戲沒多大興趣，應付不來也就作罷，沒心思去沉迷研究如何把遊戲掌握好。有時，她們玩小遊戲解悶，我坐在旁邊靜靜地看一會兒，或者偶爾說三兩句話聊聊天，已經覺得滿足。甚至比自己玩電腦遊戲的時候，快樂得多。

記長大後雖無法再玩「同胞走難」遊戲，但仍珍惜能夠三姐妹一起玩樂、相處的快樂時光。

2　搜捕寫作靈感

同學寫作時，可能因為沒有靈感而不知該如何下筆，我們可以一起參考其他作家的作品，精彩的句子和段落都有助激發大家思考。

01 《拾香紀》

十 陳慧（香港：七字頭出版社，1998 年）

兄弟姊妹是其中一個相對不太難的寫作題材，而且寫起來也滿有趣味，氣氛活潑，情感跳躍。經常讀到同學寫有關兄弟姊妹的文章，字裏行間充滿活力，時而爭吵嬉鬧，時而同「仇」敵愾，時而水火不容，時而如膠似漆⋯⋯「原來，回憶，就是，愛。」[1] 拾香 —— 連家十兄弟姊妹中排行最小的一位，由她娓娓道出連氏一家的家族故事、也說出舊時香港的動人故事。

〈大有〉

🔖 「第一天上學的事情我是記得很清楚的，大有將我送到幼稚園之後，並沒有離去，因為有很多小孩子在哭，大有說，我留着陪你，你不要哭。有很多大人們家長們都跟小孩子說相同的話，我的位子在窗邊，我看着他們一個一個偷偷溜走，只有大有，一直坐在滑梯底下，最後就只剩下他一人。放學的時候，我問大有，你為甚麼不走呢？我看你都已經打瞌睡，你一定很累，很想離去⋯⋯，大有說：『可是我答應了你嘛。』打了一個大呵欠，然後帶我到『皇上皇』餐廳去吃『噴火雪糕』。」[2] 一句「可是我答應了你嘛。」反映了兄長對妹妹的着緊和在意，也看出他對承諾的認真和重視。上一次我們如此信守承諾、珍視承諾是甚麼時候？所為何事？

---

1 〈大有〉，《拾香紀》，頁 184。
2 同上，頁 178。

 《偏心》

╋ 何紫（香港：山邊出版社，1997 年）

爸爸媽媽、外公外婆、爺爺嫲嫲、老師，上列身份搭配「偏心」、「針對」兩組詞語，可以組成幾多個組合？會否覺得每個組合都似曾相識？

〈偏心〉

📍 「不過，說起了偏心，最偏心的要算我爸爸，我媽媽也有點兒偏心，不過比爸爸好些。比如，爸爸就從不打妹妹，她不小心打破了碗，就急忙把妹妹拉開，叫她小心碗的碎片，可是，我不小心打破了碗，他就惡狠狠地罵我，說我碗也拿不穩，不中用。」差別待遇，我們可曾經歷過？感覺如何？

📍 「爸爸放工回來，就要我拿功課給他看，看見我的功課不好，就教訓我一頓，可是，他是從不叫妹妹拿功課給他看的，雖然妹妹考試成績比我好，但她驕傲，不尊敬我這個大哥，記得先生教的成語有一句是『驕兵必敗』，她是一定要失敗的，爸爸媽媽偏她，看她將來失敗就好笑了！」[3] 嫉妒之火熊熊燃燒的時候，沖昏了我們的頭腦，不但模糊了視線，更使人墮入思考的盲點。細想之下，許多相處上的衝突湧現，隨之而來的還有引起矛盾的兩個關鍵字「偏心」。不過，矛盾掙扎之中也有歡笑，笑中又有淚，複雜的情感之中洋溢溫馨的情味。

📍 「我還故意打妹妹，其實我是欺侮她，媽媽一點也沒怪錯我，只是我故意嘴硬罷了。我的功課也的確沒有妹妹做得認真，我的英文也實在是不好，跟敏兒、景華他們比是叫人慚愧的，但我都推到『偏心』上去，說爸爸偏心，說英文先生偏心，然後完全原諒了自

---

3 〈偏心〉，《偏心》，頁 50。

己的缺點了。我在被窩那黑團團天地裏,我好像看見了自己了。」[4]

凡事皆有兩面,沒有被選中得到「偏心」待遇的人,看着他人得到加倍的寬容和關愛,可能會羨慕、嫉妒,恨得牙癢癢。換個角度,被選中成為獲得「偏心」厚待的人,卻可能覺得被過分關心,甚至管束。

🚩 我們自己可會偏心?如果可以選擇,希望被偏心嗎?偏心這個問題,有解決方法嗎?

🚩 吾日三省吾身,上一次自我反省是何時?為了甚麼事?

 ## ③ 創作意念及詞彙工具箱

找到寫作靈感後,便要為文章訂立清晰的切入點和主題,即為文章立意。以下列舉了不同難易度的創作意念,以及在「游老師文章分享」和「搜捕寫作靈感」出現過的實用詞語,同學寫文章時可按自己的程度和喜好參考、選用。平日閱讀的時候,也可以建立自己獨有的詞語庫呢!

創作意念 ❶ 難度★

回憶與愛 *	心靈的觸動 *	人情的可貴	對生活的觀察 *	對時間的珍惜 *
成長的轉變 *	與人相處 *	面對誘惑	面對或處理過失 *	面對考驗或困難

創作意念 ❷　難度★★

情感的割捨	對物事的情意	抉擇與拉扯	面對或處理傷痛	面對疾病或死亡
青春回憶或氣息	自我反省與思考 *	面對恐懼	追逐理想	希望或意義

創作意念 ❸　難度★★★

對生活的追求	對生活的質疑	留住生活節奏	關係的建立或消逝 *	相見的期盼
人性的展現	人生如戲	對社會不同階級的關注或回應	對生命的理解或學習 *	對生命的領悟

* 是作者在寫作此篇介紹的主題時曾選用的創作意念

實用詞語庫

有關性格	有關動作	其他
羨慕 嫉妒	搖晃不定	迫切 盲點

④ 試試動筆寫

你想寫作時更得心應手嗎？那就要多寫多練習了！同學可參考下列寫作題目，結合生活中累積的寫作靈感，並參考「創作意念及詞彙工具箱」中的創作意念列表，嘗試創作自己的文章，大家可按個人喜好和強弱揀選寫作文體呢！

寫作題目

① （如果）我是獨生子／女

② 吵架

③ 歡樂時光

寫作前想一想

① 這篇文章的最主要訊息是甚麼？

② 兄弟姊妹的形象如何？例如容貌、衣着、談吐、行為舉止等。和我相似嗎？

③ 兄弟姊妹的個性是怎樣的？和我的個性相似嗎？

④ 有哪些細節能突顯我和兄弟姊妹之間的關係？

⑤ 我希望讀者看完這篇文章後有何思考、感受或啟發？

自我檢查

① 能夠完整表達出我構思的最重要訊息嗎？

② 文句通順嗎？

③ 詳略安排恰當嗎？

④ 有沒有錯別字？

⑤ 有沒有可以刪除或補充的地方？

延伸閱讀

① 林良：《小太陽》（台灣：麥田出版，2015 年）

② 黛瑪・蓋斯勒（Dagmar Geisler）繪著，范伊誠譯：《有兄弟姊妹真好！》（台灣：韋伯文化國際出版，2019 年）

讀寫小錦囊（二）

不談靈感

「你哪來的寫作靈感呢？」聽到學生問這道問題時，多半因為他／她正處處受到「逼迫」——催逼遞交功課的窮追猛打與狙擊，而窮兇極惡的狙擊手自然是我了。

「不要指望靈感。」

聽到這個答案，他們大抵都覺得我是為了功課得手才胡說八道吧。如何獲得創作靈感，相信是不少有意創作的同學的共同煩惱，從前我也確曾為此傷腦筋，寫詩時更是煩惱倍增。

尋找寫作題材與對象是一大挑戰，寫作時如何掌握用情用意的力度和深度，又是教人困惑的另一難題。寫得直白，怕過於顯露濫情；寫得婉轉，又怕太曲折含蓄，要準確拿捏那點委婉迂迴的情感誠非易事。猶記得求學時期初次參加某詩會，一群愛好寫作的文友相聚，當時大家都帶備自己的詩輪流圍讀，我讀了會上幾個作品之後，幾乎不敢拿出自己的詩。因為別人的題材情感都那麼慷慨激昂，有關注社會的視野，也有對世界大事的體察……而當時我寫的是一顆軟糖。坐在身旁的是誰，我已無法記得起，但仍然記得他寫的是 911 事件，記得他澎湃洶湧的情感。聽着他滔滔表述自己的創作意念和情懷，同座眾人的擊節讚賞和表揚，我實在自愧不

如，自覺不只詩齡淺薄，連視野都太淺窄了，沒有別人那種對社會、時事、世界的投入與熱心。

然後，我對個人的寫作生出了很大的誤會，竟以為應當只選大是大非書寫，愈震撼的話題愈值得寫，更花了一些心力模仿別人寫「驚天動地」的作品，期間當然少不了重重困難和失敗，漸漸才摸索到較為適合自己的寫作方式和取向。不是絕無感受過任何突然有感而發，能挑起寫作意欲的靈感湧現的情況，只是如果要依賴靈感來維持恆久的寫作習慣，對我而言非常困難。讓我覺得最為安舒可靠的，反而是從生活裏發掘題材，勤勤懇懇地，踏實地日漸積累個人的創作題材庫。一旦只依靠靈感，我怕熱情會迅即冷卻，無以為繼。

經歷了閱讀和寫作的恆久鍛煉，寫出很多「失禮街坊」的詩文，讀了很多好壞作品之後，我才切實的體會到，一個出色的作品並非完全只取決於書寫題材和對象，書寫小日子小事情也不一定就是無病呻吟，反而堆砌造作的「情真意切」才更見空洞無物。只要用心觀察，配合細緻真誠的文字、新鮮的生活氣息與觸感，平凡人物、小巷大街，也可以是觸動人心的優秀作品。

朋友

　　沒有朋友的話，有時會使人感到孤單，要是有太多朋友，說不定也會為人帶來煩惱。人總難免羨慕別人，然而，不論過於熱鬧喧譁或是長期獨來獨往，會否都為我們帶來較單一、片面的感受？

　　能夠建立友誼的原因可以有很多，例如有共同經歷或相同興趣，都很容易打開話匣子，締造結為良朋的契機。成為朋友之後，如何鞏固、維繫一段友情，也是一門學問。到了遇上不同的關口，如時間、利益、新相識、新環境……種種因素都可能成為友情的考驗，而考驗會讓人走得更近，或是使關係變得疏離？當中的轉變，對我們有何提示？

　　孤獨有時，同聚有時，能夠享受當中的快樂、愜意時光，都是好時辰，好日子。

1 游老師文章分享

作者
悄悄話

許多人都說，求學時期最容易結識到可以維繫一輩子的好友，一旦踏入職場就難以建立深刻的友誼。在校園裏，見到被排擠的同學孤單的身影，難免心酸，不過也不一定勉強為同學找同伴，反而會嘗試先了解，再採取相應的行動。另一方面，慶幸也會見到部分同學從同窗變成知己良朋，即使畢業了，因為工作而「各散東西」，散落在不同地方，但也不會因此而斷絕來往，難得見面，也不感生疏。小部分感情特別深的同學，更會成為一輩子的知心友，面對生活裏的各種喜怒哀樂，都能同分享，共分擔呢！

下雨的日子

＋ 原載游欣妮：《眼紅紅》（香港：突破出版社，2019 年）

直到提起某某重考了兩遍英文仍無法達標，大家才猛然意識到原來畢業已有三年，像我總要屈曲指頭數算，才能記起自己成為教師的年月。

　　從前讀書的時候，總是祈求颱風來吧，颱風不來的話灑一場豪雨也

以記述與畢業生重聚來引起下文。

好，清晨時分到埗，匆匆告別的最好，只要足夠讓教育局宣佈全人類停課，一切都好。無奈每次都要撐着整夜不眠不休決戰線上遊戲後紅筋暴現的眼睛，狠盯電視熒幕上的黃色暴雨警告信號，看着可怖雨量咬牙切齒，冒雨撐傘上街，繞長長的遠路只為避過校門附近那必然淤塞的渠口，邊咒罵邊想像要如何惡搞改圖以洩心頭之憤。

如今只要夜來聽見雨聲，張眼看見連綿的雨已不禁默禱：至少行個方便，上午慷慨放晴吧！滂沱大雨真的要來也請姍姍來遲，不能艷陽高掛一整天，也來個無風無浪的平靜早上，留待下午再灑攔路雨，好等眾人能順利工作，讓這天成為半個可支薪的工作日子吧！

所託非人的經驗已經成為共享話題，彼此都有過相似的經歷，也就同仇敵愾，同時不由自主的同生感慨了。

「唯有日後帶眼識人，以後不再跟那個判頭吧。」話一出口，我才覺得與廢話無異，哪有人會笨得上過一次當仍再去碰釘子？

「誰不曉得呢？不過有時判上判，到最後很可能拖上拖。有汗出冇糧出，追來追去得個吉。」

「告到勞工署去，追到大判頭上去，不是不可以，只是總得落入一場消耗戰，虛耗大量的精神、耐性和時間。」

「就像我們從前欠功課啊！都是說謊、撒賴，無了期的拖延。」這番自我挖苦似是樂天豁達，卻也笑中有淚。

回想求學時期祈求颱風暴雨，可以不用上學，對比現今期望天朗氣清，能夠上班賺錢，帶出環境和處境的轉變讓人成長。

記述工作時遭到判頭無情對待，拖欠薪金，回憶起求學時期的懶散淘氣。

「他和讀書時一樣，嘴巴一樣壞！有時把其他師傅氣得幾乎要『劈』死他。」

「師傅們也是開玩笑而已，雖然粗魯，但大部分都很願意教我們，當然教的時候絕對粗口橫飛！我們常被罵個狗血淋頭。也因為師傅們經驗夠，我們學師仔，很多極度操勞的，吃力不討好的工作都要做。」

「也試過有師傅打我們呢！我還記得有一次被狠狠打了一掌，差點以為要暈倒。不過他打我也是為我好的，直到現在我都記得不能疏忽，否則隨時會電死！」瘦小的文仔尷尬地摸着後腦說。

「肥羊更『瘀皮』，有次開工前竟塗防曬乳液，立即成為被恥笑的對象！真笨！要塗也躲在廁所裏塗嘛！」從前白白胖胖的肥羊，如今已變成黑羊了。「嘩！惡毒的太陽曬得頸背都脫皮呢！哪能不塗防曬乳！」

「漸漸你就會習慣，你何時見過肌膚若冰雪的地盤佬？撇時，我的文學修養不錯吧，到現在仍記得肌膚若冰雪。」

「你只記得美女神人，太有修養了！」

七嘴八舌的對話往來間，像是舊日互相取笑挖苦的課堂時光，只是如今多了許多悲喜參半的笑話圍繞着我們，這些微小的苦樂在爽朗的笑聲中悄然降落我的心頭。這群小伙子的工作情況在我的有限想像中也漸漸有了清晰的畫面，彷彿看到幾個瘦削黝黑、四肢矯健的高個子在棚架上攀爬，如孩提時代一窩蜂衝向公園攀馬騮架。

「他的臉皮最厚，對任何人都可假裝熟悉。每次要進入大廈，他總是搶先向保安員揚手，熱烈地打招呼，陳生、靚姐句句叫得親切。其實他根本不認識那些保安，只是偷看櫃檯上的人名牌。」我一點都不意外，學生時代的誠仔已是這樣，對任何人都表現得分外熱切，輕易就能東拉西扯些話題說個沒完沒了。

「不過他也是最多工作機會的，判頭們常常找他。試過三人一起未天光便出發往葵涌地盤，去到判頭才說要兩個人就夠，他說要走，判頭都留住他，叫我回家，哈哈哈！這厚臉皮小子也真有方法，真想揍他！」邊談笑着拳頭已落在誠仔粗壯的臂膀上。

幾年之間，大家都切身體會到「揾食艱難」和「揾朝唔得晚」，然而也漸建立出一套生存之道，練就一些求生技能。無奈只需想像一下「手停口停」的日子，組織家庭簡直變成天方夜譚。猶幸時代不同，大家都尚且年輕，建立家庭的目標仍可繼續駐紮在遙遠的位置。也許這幾雙粗糙的大手，尚要磨破大量的皮，結出許多厚繭，才能在維持基本生活以外騰出一片理想的天空，在地盤裏站穩陣腳，爭取從學師變中工。

「將來你們都變成師傅之後，記得不要打人，要有耐性，慢慢教，知道嗎？」「搣時你不懂得，有些人又懶又笨，換了是你也想揍他！」

「當年搣時也沒有揍你啊！」

嬉笑之間筵席離散，幾番像從前的叮囑

記述對畢業生們的叮嚀以寄託祝願，以及抒發對師生關係的珍惜之情。

過後，眾人拖着各自的腳步散去，縱有歡笑，也各有無法言喻的沉重，沒有誰比誰輕鬆，不過是負擔模式的不同。在歲月裏持續遠航，我們總要在回顧往日的時刻才驟然體現環境和成長的異變，唯一也在體驗成長異變中，許願一些關係的恆久不變。

2　搜捕寫作靈感

同學寫作時，可能因為沒有靈感而不知該如何下筆，我們可以一起參考其他作家的作品，精彩的句子和段落都有助激發大家思考。

01　《褪色的友誼》

＋ 何紫（香港：山邊出版社，1998 年）

　　我們曾經和好友有意見分歧的時候嗎？最後事情怎樣發展？結果怎樣？當意不合、道不同的時候，友誼還能延續嗎？

〈褪色的友誼〉

🖋 「這樣，偉民一直把我送到家門。一聲『拜拜』，我上了黑漆的樓梯，他便向街燈那邊走了。這也好比我倆從此各走一條路，那時在我看來，我走的是茫茫的黑路，他走的是光明的大道。」[1] 文中黑漆的樓梯、街燈都充滿象徵意義，從這兩個比喻看來，我懷着怎樣的心情？

🖋 「我們談了一會又分手了，他沒有向我索取住址，我也沒有叫他留下電話，離開餐室，一聲『拜拜』，他向東走，我向西行，這又使

---

1 〈褪色的友誼〉，《褪色的友誼》，頁 78。

我記起五年多前他送我到家門，也是一聲『拜拜』，我上了漆黑的樓梯，他向街燈那邊走，那曉得在五年後竟然又像重複那段經歷呢！」[2] 事隔多年，際遇、環境變遷，黑漆的樓梯、街燈再次出現，而這一次，我懷着的又是怎樣的心情？

📍 「這樣，我就默默離開了警局，我回頭看看偉文，他正在用手托托眼鏡框，頭微仰起，若無其事的望着天花板。這樣，我又和偉文分別了，沒有說『拜拜』，甚至沒有說半句話。我知道，我倆間的友誼已經完全褪色了。」[3] 第三次分別，黑漆的樓梯、街燈再沒有出現，連「拜拜」也沒有，二人走向大相逕庭的人生軌道，關係從友好到陌路，中間經歷了甚麼？

📍 考驗會讓人走得更近，或是使關係變得疏離？當中的轉變，對我們有何提示？

⓵② 《朋友這種幻想：社會學家教你不被人際關係困擾的 8 堂課》

＋ 菅野仁著，李彥樺譯（台灣：究竟出版社，2019 年）

缺少朋友、朋友太多，兩種極端都會令人大感困擾，因為沒有朋友的話，當我們想找同輩分享快樂、分擔煩惱的時候會感到寂寞，甚至孤立無援。只是，當朋友太多的時候，要分配時間兼顧每一段友誼，應接不暇之餘更有機會擔心厚此薄彼，或是因不敢得失別人而隱藏自己……到底如何才能取得中庸之道？

〈勉強建立交情，反而會互相傷害〉

📍 「當孩子說出『班上有個同學很討厭』的時候，父母可能會說：『不可以討厭別人。那個同學一定也有優點，只要找出來，並努力展

---

2 同上，頁 80。
3 同上，頁 82。

現你的誠意，一定能變成朋友。』乍聽之下，這的確是胸襟寬闊的成熟大人應該說的話，而且想實際上做到這一點，應該也不是太困難的事。」要做到不討厭別人，可行嗎？難度在於甚麼？

📌 「但是我認為，遇到這種情況時，建議孩子『如果合不來，就跟對方稍微保持距離，不要起衝突』或許比較好。這種心態並不代表『冷漠』。很多時候，正是因為勉強建立交情，才互相傷害了彼此。』」[4] 為了不傷害別人而令自己陷入左右為難的處境，對自己來說也是一種傷害，與其為了刻意維護正面價值觀而保持「胸襟廣闊」，正視真實感受對雙方而言才是最體貼的尊重。

③ 創作意念及詞彙工具箱

找到寫作靈感後，便要為文章訂立清晰的切入點和主題，即為文章立意。以下列舉了不同難易度的創作意念，以及在「游老師文章分享」和「搜捕寫作靈感」出現過的實用詞語，同學寫文章時可按自己的程度和喜好參考、選用。平日閱讀的時候，也可以建立自己獨有的詞語庫呢！

創作意念 ❶　難度★

回憶與愛	心靈的觸動	人情的可貴	對生活的觀察	對時間的珍惜
成長的轉變 *	與人相處 *	面對誘惑	面對或處理過失 *	面對考驗或困難 *

---

4 〈勉強建立交情，反而會互相傷害〉，《朋友這種幻想：社會學家教你不被人際關係困擾的 8 堂課》，頁 72。

創作意念 ❷　　難度★★

情感的割捨	對物事的 情意	抉擇與 拉扯 *	面對或處理 傷痛	面對疾病或 死亡
青春回憶或 氣息 *	自我反省與 思考 *	面對恐懼	追逐理想 *	希望或意義

創作意念 ❸　　難度★★★

對生活的 追求	對生活的 質疑	留住 生活節奏	關係的建立 或消逝 *	相見的期盼
人性的 展現 *	人生如戲	對社會不同 階級的關注 或回應	對生命的 理解或學習	對生命的 領悟

*是作者在寫作此篇介紹的主題時曾選用的創作意念

實用詞語庫

有關外貌	有關心情	有關行為	其他
瘦削黝黑 四肢矯健	同仇敵愾 不由自主 豁達	姍姍來遲 應接不暇 厚此薄彼	所託非人 大相逕庭

4 試試動筆寫

你想寫作時更得心應手嗎？那就要多寫多練習了！同學可參考下列寫作題目，結合生活中累積的寫作靈感，並參考「創作意念及詞彙工具箱」中的創作意念列表，嘗試創作自己的文章，大家可按個人喜好和強弱揀選寫作文體呢！

寫作題目

① 朋友，你好嗎？

② 重遇我的好朋友

③ 無朋友

寫作前想一想

① 這篇文章的最主要訊息是甚麼？

② 朋友的形象、個性如何？

③ 我們之間經歷過最深刻的是甚麼事？

④ 有哪些事情能展現我們之間的關係？

⑤ 我希望讀者看完這篇文章後有何思考、感受或啟發？

自我檢查

① 能夠完整表達出我構思的最重要訊息嗎？

② 文句通順嗎？

③ 詳略安排恰當嗎？

④ 有沒有錯別字？

⑤ 有沒有可以刪除或補充的地方？

 ⑤ 延伸閱讀

① 麥樹堅：《雜魚又如何》（香港：突破出版社，2011 年）

② 周偉豪、廖暉清合著：《無朋友》（香港：突破出版社，2016 年）

 同學

　　公佈分班名單的日子，是個叫人又期待又無奈的日子。每年我們都會遇到一班同班同學，而這些同班同學更有機會年年「換畫」，不知大家可有想過這些同班同學其實也是很好的書寫對象？無可否認，我們不會對所有人都有強烈的感覺，有些人我們特別喜歡和他相處，有些人卻特別惹人生厭——當然要緊記的是，我們自己也可能成為那個被喜歡或被討厭的人。

　　如何擷取合適的片段，善用各種寫作手法突出人物形象，反映對方和你的關係或者和別人的關係，都是高深的學問。不過，試想想如果為每位同班同學都寫一篇文章，你的個人作品集將有多豐富？相信每一次寫作都是鍛煉，而我們就在持續鍛煉的過程中漸漸進步，發現自己的觀察力越來越敏銳、思緒越來越清晰、文筆越來越流暢。

游老師文章分享

作者
悄悄話

教學工作令我最愉快的事是可以接觸學生,與他們相處期間,不會沒有惱人的時候,但經過時間的大網過濾之後,我很幸運,每當憶起往事,即使笑中有淚,也總是快樂比痛苦多。能夠在教學這漫漫長路上與眾多同學相遇、相處,不但留下了難忘的回憶,也讓我有極多思考和學習的空間,分分秒秒都在激活我的腦細胞。細心回想,說不定會猛然發現故事裏那位未必很聰明機智,但個性忠厚、品性善良的浩榮,可能就在你身邊。

善良傻瓜

十 原載游欣妮:《眼紅紅》(香港:突破出版社,2019 年)

這天,浩榮如常來到圖書館,搓搓後腦對我說句:「老師早晨,我來疊報紙。」然後點點頭笑得有點尷尬地拿着箱頭筆往書包架走去。

浩榮真的是個善良的人,他總是帶着微微笑意。遇到人的時候,他的笑容就更溫婉,笑意更深,不論熟悉的還是陌生人。他的笑是堅持不露齒

從肖像、行動及他人評價方面具體描寫浩榮的形象,讓讀者對浩榮留下印象。

的，偶爾在大合照時不留神笑得露出了牙齒便趕緊閉上雙唇保持微笑。這個胖胖的大塊頭，眼睛小小，臉頰漲鼓鼓、紅彤彤，笑的時候眼睛瞇得更像睜不開眼。各種因素加起來使他看起來像個魁梧的天然呆卡通人，煞是可愛。不過我們都不只一次聽到別人這樣說：「這個大舊衰袞總是在傻笑。」有時浩榮聽到，也只摸摸腦瓜、搓搓臉，一臉抱歉似地笑，笑容有點勉強。我知道浩榮不是傻笑，雖然他有時笑得難為情，讓人覺得是呆頭呆腦的尷尬模樣，但他的笑定然是為了釋出善意，因為他是個單純的善良人。

某個早上，因為一句話浩榮改變了他的當值習慣。本來每星期只須當值一個上午，但是自那天之後每天都是浩榮當值的日子，沒有人會為他點名，也沒有人催逼他，他不來的話也沒有人懲罰他，他是自願的。「老師我答應你，我每天都來疊報紙。」

「你真好！幸好有你！這幾天我都是獨個兒手忙腳亂地分報紙，今天見你分類井井有條，是我這幾天以來最輕鬆的早上，真感謝你！」浩榮邊聽邊用他那厚大的手掌洗面一樣搓自己的臉面和後腦，甚麼都沒說，只是靦腆地笑。其後每個早會，他都自動自覺到圖書館，跟我打招呼之後就獨個安靜地分配報紙。浩榮說他曾受過三個月的疊報紙訓練，組長天天監察，確認他再沒出錯之後才讓他自個兒疊報紙。浩榮的組長是個好逞強

以浩榮自告奮勇當值，突出他富責任感，熱心助人的個性。

的高個子，常常扯大嗓門「認叻」。他不喜歡我，因為我常忍不住出口提點他 —— 在他的朋友面前。我尤其看不過眼他趾高氣揚地高聲吩咐組員完成任務，自己坐在一旁蹺起二郎腿，用一種無禮的、囂張的態度指指點點，差遣人做事像「奉旨」一樣。

以氣焰囂張的組長的行為舉止與內斂踏實的浩榮形成對比。

有時派報公司遲了把報紙送到校，工友未及把報章運送到圖書館，浩榮就會坐在面向玻璃門的沙發上發呆，頭稍稍仰起，嘴巴微微張開，像那些看屏幕看得着迷的小孩子，配上小小的瞇成一線的眼睛，總使我疑惑他是否睡着了，不好意思驚動他。浩榮似乎是個不懂得拒絕的人，我曾問他為何不拿本書看看呢？反正坐着那麼無聊。他便以一貫的尷尬笑容點點頭說好，隨手拿了沙發旁雜誌架上的社區中心活動小冊子捧着，久久沒翻過一頁。第二天，我再次提議他拿本書看看，他同樣拿起了社區中心的小冊子捧在手裏。第三天，我直接把想推介他看的書交到他手上，他翻揭了幾下，復又往門外看。換了是其他不愛閱讀的同學，每每邀請，十居其九都斷然拒絕，或唯唯諾諾應答好呀好呀隨即走遠「選書」，浩榮卻貫徹始終「來者不拒」。我觀察了好幾天，又問他為何只選那個位置，不坐別的地方，雖然他說沒原因，然而可以估計大概因為這個位置能第一時間看到工友姨姨送來報紙。事實上，每次未見姨姨身影，只要聽到報紙車轟轟轟轟的

記述數件小事，突顯浩榮專心一致、不擅辭令、默默耕耘的個性。

響聲，浩榮便馬上從沙發「彈」起來，急步趨前拉開玻璃門。

　　工友姨姨每次見到浩榮都說：「你來幫老師忙嗎？天天都見到你，真乖！」浩榮一貫神情帶點抱歉似的一臉尷尬地笑着摸摸後腦，放下早執在手裏的箱頭筆，低頭默默分發報紙，用孩子氣的粗糙字體寫下 A/B 分辨特別版和基本版，以便訂報同學取用。

　　浩榮記性不好，甚至有時丟三落四的，他很久沒有借書的原因除了因為不特別深愛閱讀之外，更大原因是他老是忘記還書，一天推一天，罰款計日累積，稍一不慎便少了一包燒賣，再有不慎便會丟了一個芝士漢堡，更冒失的話失掉的就是餐肉麵了。而最嚴重的一次，浩榮因遲還書而在呼呼北風霍霍吹動的冬天幾乎「損失」了早餐的兩個菜肉包、小息的百力滋、午餐的餐肉魚蛋肉丁麵配朱古力奶、下午茶的麻醬烏多加雲呢拿甜筒。正躊躇着不知如何是好之際，慶幸在還書賠款時老師問他：「你賠款後今天有錢吃午飯和坐車回家嗎？要不要辦理分期付款？」他才保得住午餐的肉丁麵。其實他見過許多同學拖欠罰款，同學也教他每天只交一點點錢，把還款期拖得長長的，但他覺得這樣做不好，而且也不好意思這樣做，同學說他笨，不過他不想自己像個騙徒。「老師我答應你，明天一定還清債務。」

以浩榮因遲還書賠款與其他同學拖欠罰款對比，突出其忠實個性。

我曾向其他組長推薦浩榮,「是的,他是很善良的男生,可惜學甚麼都學得很慢。」、「如果他能醒目一點就好了!他手腳太慢。」、「他傻更更,我不要他。」浩榮學習能力的確不高,也不善於理解和溝通,只是,分發報紙這工作,他受過訓練後從來沒試過出錯,也從不遲到、不躲懶、不失信。他的確不精明,但也不怕吃虧、不計較,可惜的是這種不計較,往往是許多人眼裏的傻瓜。

抒發一般人重視能力多於品格的無奈和感嘆。

2 搜捕寫作靈感

同學寫作時,可能因為沒有靈感而不知該如何下筆,我們可以一起參考其他作家的作品,精彩的句子和段落都有助激發大家思考。

01 《令人懷念的小學圖鑑》

＋ 奧成達著,莊雅琇譯,永田春美繪(台灣:臉譜出版,2016 年)

有人嚮往校園生活,有人對校園生活卻步,學校裏的一花一草,一人一物構成的回憶,都印滿我們的成長足跡。

〈通信簿〉

「每學期的結業典禮上，最令人困擾的就是拿到通訊簿吧。最傷腦筋的倒不是自己的成績高低，而是要把它拿回家給父母看，請他們在上面蓋章。只要平安度過這關，接下來便是期待已久的長假了。每個人都戰戰兢兢，彷彿是要打開恐怖文件一樣，只開一條縫往裏頭瞧。有的人看了之後臉上鬆了一口氣、有的人沮喪氣餒，當然也有許多人根本不在乎成績，依舊笑嘻嘻。」[1] 領取成績表時的心情是怎樣的？老師派發成績表時的心情又是怎樣的？周遭同學有何反應？鉅細靡遺地將大家的神態動靜描寫出來，維妙維肖，活靈活現，彷彿將讀者帶到課室現場，一同見證緊張「刺激」的時刻。

02 《讀書好時光：我們的舊課本 2》

＋ 劉智聰（香港：非凡出版，2018 年）

現今的教科書與昔日的課本內容、設計大有不同，翻看舊時課本，不但能讀到歲月的痕跡，還能窺見濃厚的生活氣息。

〈扛起養家的重擔〉

「上學除了學習課本上的知識，還要懂得很多其他重要的事情。這篇七十年代中國語文三年級的課文講述『小英姊』的故事 —— 因家庭環境的關係，她不得不停止上學，到工廠裏找工作。」[2] 舊日年代，童工並不罕見，為了紓緩家庭重擔，不少人年紀輕輕已投身職場，幫補家計。有些家庭子女聚多，較年長的甚至要放棄學業，供養弟妹。

「這種事情在那個年代並不罕見，畢竟當年生活普遍條件沒有今天的充裕，而且在免費教育推行之前，送子女上學讀書也不一定每個

---

1 〈通信簿〉，《令人懷念的小學圖鑑》，頁 137。
2 〈扛起養家的重擔〉，《讀書好時光：我們的舊課本 2》，頁 88。

家庭能夠負擔得起。課文中的小英雖然未能夠繼續接受教育,但她十分懂事,願意犧牲自己的學業,扛起養家的重擔。」[3] 相較現在,實行免費教育之後,適齡學童都有機會入學,當求學求知的方法、途徑增加,更多人能夠接受正規學術教育,社會會有甚麼變化?

③ 創作意念及詞彙工具箱

找到寫作靈感後,便要為文章訂立清晰的切入點和主題,即為文章立意。以下列舉了不同難易度的創作意念,以及在「游老師文章分享」和「搜捕寫作靈感」出現過的實用詞語,同學寫文章時可按自己的程度和喜好參考、選用。平日閱讀的時候,也可以建立自己獨有的詞語庫呢!

創作意念 ❶ 難度 ★

回憶與愛	心靈的觸動	人情的可貴 *	對生活的觀察	對時間的珍惜 *
成長的轉變	與人相處	面對誘惑 *	面對或處理過失 *	面對考驗或困難 *

創作意念 ❷ 難度 ★★

情感的割捨	對物事的情意	抉擇與拉扯 *	面對或處理傷痛	面對疾病或死亡
青春回憶或氣息 *	自我反省與思考	面對恐懼	追逐理想 *	希望或意義

---

3 同上。

創作意念 ❸　難度★★★

對生活的 追求 *	對生活的 質疑	留住 生活節奏	關係的建立 或消逝 *	相見的期盼
人性的展現	人生如戲	對社會不同 階級的關注 或回應	對生命的 理解或學習	對生命的 領悟

*是作者在寫作此篇介紹的主題時曾選用的創作意念

實用詞語庫

有關性格	有關神態	有關心情或行為	其他
逞強	呆頭呆腦 靦腆 趾高氣揚 囂張	唯唯諾諾 躊躇 差遣 犧牲	鉅細靡遺 罕見

4 試試動筆寫

你想寫作時更得心應手嗎？那就要多寫多練習了！同學可參考下列寫作題目，結合生活中累積的寫作靈感，並參考「創作意念及詞彙工具箱」中的創作意念列表，嘗試創作自己的文章，大家可按個人喜好和強弱揀選寫作文體呢！

寫作題目

① 同班同學

② 「調位」

③ _____的同學

寫作前想一想

① 這篇文章的最主要訊息是甚麼？

② 同學的形象如何？例如容貌、衣着、談吐、行為舉止等。

③ 同學的個性是怎樣的？他／她與其他人的互動是怎樣的？

④ 有哪些事情能突出同學的形象？

⑤ 我希望讀者看完這篇文章後有何思考、感受或啟發？

自我檢查

① 能夠完整表達出我構思的最重要訊息嗎？

② 文句通順嗎？

③ 詳略安排恰當嗎？

④ 有沒有錯別字？

⑤ 有沒有可以刪除或補充的地方？

5 延伸閱讀

① 周淑屏：《非一般同學》（香港：突破出版社，2020 年）

② 陳志堅：《無法預知的遠方》（香港：突破出版社，2018 年）

讀寫小錦囊（三）

培養觀察力

如果說日常生活中寫作素材俯拾皆是，大家可能覺得言過其實，較常想到同學的回應大概是：「天天生活如是，有何特別？既然沒有特別，哪有值得書寫的題材？」

其實，我們可以透過每天的練習，在平凡的生活裏提煉出寫作題材，這些題材未必不平凡，但即使尋常，我們也可以將其獨特的一面展露人前。這除了文筆工夫，還有很重要的一點——觀察力。

身邊任何事物、人物都可以拿來作觀察對象，以物件為例，最基本的如外形、大小、材質、用途；以人物為例，神情、面貌、外形、談吐、行為舉止……剛開始進行類似練習時，我們可以簡單設計幾個條件以便自己有觀察的方向，例如觀察整體或局部、觀察環境或人物等，不妨先從簡單的，最常接觸的事物開始，建立了仔細觀察的習慣的同時，亦累積了越來越多曾認真觀察過的對象，這些都可以在寫作時加入文章，將觀察得的內容娓娓道來，書寫對象的形象就可更立體。

如果我們仍然不知道如何找觀察對象，較理想的是從自己感興趣的物事着手，當你對那件物件、那個人物感興趣，要你將物件裏裏外外翻看多遍，將人物背景仔細鑽研，相信也樂此不疲啊！

鄰居

　　於我而言，鄰居這種關係是挺特別的。和朋友不一樣，鄰居是不由得你選擇的，只是他又和家人切切不同，家人也是不可選擇的，但家人之間有血緣的連繫，有共同的家族背景。

　　我們自己是一個好鄰居嗎？我們有幸遇到好鄰居嗎？何謂好鄰居呢？至少不要做出一些滋擾別人的行為，例如發出噪音，或者將家品搬到走廊外？每次和同學討論這個話題，提及這些欠缺公德心的自私行為時大家都大感激動，咬牙切齒，深表憤慨，更甚者會有一種有冤無路訴的委屈。猶幸，也有人會慶幸遇上友善的鄰居，大家見面寒暄一番，年齡相若的孩子會一起玩耍。大部分時候，即使與鄰居建立了關係，也彷彿維持在疏離與親近之間，更幸運的話，或者能從保持一點距離的生疏演變成朋友。

　　不過，鄰里關係之中最為特別的，與朋友不同的，是那種互相照應。除了聽過別人分享的睦鄰經歷，我自己也親身經歷過認識到善良的鄰居，從「交換情報」到分享食物，甚至彼此會有一把對方家門的鑰匙以備不時之需。然而，時移世易，當大家成長了，接觸的人、事、物多了，社會環境和氣氛不同了，鄰舍之間的關係又會否有所轉變？

游老師文章分享

作者悄悄話

孩子總是特別容易讓人展開話題的人物，很多時候他們的坦率、單純、天真能為大家帶來無窮歡樂，而他們對世界的好奇、專注、投入，清澈澄明的心境配合情感的敏銳度，也是非常值得我們學習的。當我們習慣了用自己慣常使用的方式來應付日常生活的種種要求，茫茫然不知所向，甚至麻木了的時候，用孩子的角度看世界、反思，也會帶來嶄新的體會，甚至有反璞歸真，豁然開朗的感覺。

應該要快樂

＋ 原載游欣妮：《另一種圓滿》（香港：突破出版社，2018 年）

也許我是應該向譽仔學習的。

當我拖着疲憊不堪的軀殼回家的時候，譽仔甫聽到鑰匙之間敲擊的聲音便立即飛身撲到鐵閘前，掀起掛在鐵閘上用以遮擋的布簾，瞪着精靈的雙眼凝視我。這胖胖圓圓的男生像個小皮球，雖不是滿臉堆歡經常笑臉迎人的那種孩子，卻也討人歡喜。譽仔有靈敏的聽覺，從他小時候我就知道。

描寫鄰居譽仔的行動及興趣，讓譽仔的形象具體顯現在讀者眼前。

　　數年前約莫兩歲多的譽仔曾嚷着要來我家玩，起初他只願意大家都打開鐵閘，坐在自己家的門檻上一起玩，不曉得從哪次開始，他竟主動請求進來我家。譽仔的外婆說他是鄉下仔，看到風扇便沉迷了，呆呆的抬頭張着嘴巴盯着風扇看得出神，紋風不動。那時譽仔尚在牙牙學語的階段，甚至有時連簡單的發音都含糊不清，卻已能鏗鏘分明的讀出「扇」字。

　　進我家後，譽仔本來也只肯坐在門口附近，東張西望左顧右盼，掛牆風扇極速抓住他的視線，他走近風扇席地而坐，幾近二十分鐘不動聲色。看着他沉默的身影，我只管繼續低頭批改習作，偶爾抬頭看看他，胖嘟嘟的小手擱在鼓鼓的肚子上，我不禁疑惑張開的嘴巴可會流口水？

　　後來也許是終於看膩了刻板的電風扇，譽仔要求我和他玩耍，我自然是相當樂意的，因為那一刻我還未知道原來這一趟玩耍，要反覆做類似的動作接近一小時。天啊，我彎着的脖子，僵直的指頭是肯定要怨聲載道的了，難得譽仔還是面不改容，樂此不疲的重複「運作」。而我，正是負責「啟動」他的人。差不多一小時裏，譽仔要我必須以右手食指凌空按鍵，然後以同一根指頭在半空中劃圈，唯一可選擇的是高、中、低三種轉速，可以關機，但要在風扇運作的聲音結

記述與鄰居譽仔的互動，突出譽仔的形象和興趣。

束後立即重新開機，稍停一刻都不行。在我反覆開機、轉動指頭、關機的同時，譽仔做甚麼呢？他可一點也不閒着，他負責發聲，模仿風扇運作時低沉的聲響，時而急速時而舒緩，心無旁騖，精神集中得滿臉通紅，大汗淋漓。不過這麼有耐性的譽仔也會有不耐煩的時候，就在我以為他罷工或壞掉，終於可以脫身的時候。他會抱怨：「你未開機呀！」我刻意數次忘記開機或在開機之後立即關機，發現譽仔對這一連串的動作是極度執着的，必須按照指示依序完成。這點執着得頑固的着迷使我對這孩子更感好奇了。

風扇停用之後，譽仔要玩的是聲演大賽。因為不滿意我的演出，我只得降級成為競猜聲響的選手，在水管聲、水龍頭聲和抽水馬桶聲之間穿梭，淙淙流水沖得我茫茫然頭昏腦漲。到我漸能掌握各種水聲的差異之際，兩小時已過去，也到了譽仔要回家的時候。然而在他離去的數小時內，我滿腦子還是風嗖嗖與水潺潺的回聲。往後的日子，不時會聽到譽仔家裏傳出各種家電啟動的響聲，競猜者似乎也只有一個稚嫩的聲音。

旋開門鎖之後，我邊放下沉甸甸的包袱邊與譽仔閒聊。比起之前，他已變得伶牙俐齒多了。我看到他穿着幼兒園的校服，臉蛋和肚子數年來還是一樣鼓鼓的，當我問及他手裏提着的大麵包時，他快速回應：「是pizza，不是麵包。」他仍然記得我是老師，

記述與鄰居譽仔的互動，突出譽仔的形象。

好奇我這麼晚才放學，他早已放學歸家。

「你上學快樂嗎？」我問。

「開心。」

「有沒有功課？」

「有。」

「功課艱深嗎？」我很後悔衝口而出問了這道問題。我害怕看見因為不曉得完成習作而皺起的眉頭，白天已看到太多了。難得他泰然自若，即使功課艱深也未有垂頭喪氣。職業病提醒我必須鼓勵這年輕的生命：「深奧也不要緊，試一試，當挑戰。」譽仔不置可否，反問我上學愉快嗎？

我不忍說不，不忍告訴他今天有許多委屈，「今天學校發生了甚麼事讓你那麼愉快呢？」

「我們小朋友是應該很容易快樂的，所以天天上學都很開心。」我訝異。譽仔的解答太成熟了，難以想像一個五歲的孩子有這樣的回答，孩子當然是輕易快樂的，然而卻總不會自己說因為年紀小所以要快樂吧？想必是因着平日的聆聽與教導才有如此成熟的應對吧？

後來譽仔的外婆再三吩咐他把 pizza 送給我，這是傳統的長輩慣常的做法，總是要求孩子把自己擁有的東西送出去，大抵是要孩子學習分享。而其實我們成年人有多少時候能忍痛割愛呢？有多少時候甘願把心愛的物品拱手讓人？就如要不是受到逼迫，今天我又何嘗甘心把努力多時的成果白白捨棄？如

果我們都會捨不得，為何要強逼孩子割愛？

「這個 pizza 我和你一人一半吧，非常好吃的，大家一起吃。」譽仔考慮了一會後說。我再次頓感驚訝了。既願與旁人分享，也可保留一部分心中所愛。更重要是能勇敢表達這充滿智慧的做法。怎麼我沒想到可以有這樣的安排呢？

「我來你家玩，吃完 pizza 一起玩吧。」此刻走進我家的譽仔，對風扇、水管仍感興趣嗎？我們會再來一場聲演大賽嗎？

記述因為譽仔的說話和行動，令原本鬱悶的心情回復開朗。

2 搜捕寫作靈感

同學寫作時，可能因為沒有靈感而不知該如何下筆，我們可以一起參考其他作家的作品，精彩的句子和段落都有助激發大家思考。

01 《美荷樓記：屋邨歲月 鄰里之情》

＋ 張帝莊、香港青年旅舍協會合著，高聲繪（香港：三聯書店，2013 年）

「遠水不解近渴，遠親不如近鄰。」鄰里之間生活環境相似，除了有閒聊的共同話題之外，如果有共同經歷，更可以建立出互相支援、彼此照應的關係，不知不覺也有一種心神安定的感覺呢！

〈街坊都嗌我「大嫂」/ 劉更生婆婆〉

📌 「居住在石硤尾的人,劫後餘生,個個都守望相助,熱誠待人。『我哋全部都門戶大開,無嗌交,經常互相幫助。隔鄰的潮州嬸,同屋那人是做魚欄的,成日攞到啲唔駛錢既魚,佢就由朝到晚煎魚煲粥,我哋都有得食,有時肚餓仲可以去佢度食番碗潮州粥。』」[1] 住在石硤尾的街坊有了許多同舟共濟的經歷,感情格外深厚。我們和鄰居可有難忘的共同經歷?

📌 我們有志趣相投的鄰居嗎?還是和鄰居「貼錯門神」互不瞅睬?為甚麼?

02 《指空敲石看飛雲:小思散文集》

＋ 小思(香港:匯智出版,2019 年)

　　不論住屋、逛街、上班、到餐廳吃飯……很容易碰到「人頭湧湧」、「人山人海」、「肩摩轂擊」的情況,香港地少人多,人和人之間的實際距離好像很近,層層疏理之後又彷彿遙遠。

〈搭枱〉

　　「這種社交,可能與講求尊重個人空間自由的香港式生活型態差距極大。我們不習慣與陌生人無端搭訕,就算偶然因某些事提起話題,也匆匆兩句了事,生怕別人嫌煩。今天失去閒話家常情趣,人際關係疏離,情緒繃緊,抑鬱症也就此形成了。」[2] 這篇文章談的雖然不是鄰里關係,但當中提及的搭訕、閒話家常卻讓我想到鄰居之間的相處,「朝見口晚見面」的鄰居,算不算陌生人呢?我自己是個好鄰舍嗎?

---

1 〈街坊都嗌我「大嫂」/ 劉更生婆婆〉,《美荷樓記:屋邨歲月 鄰里之情》,頁 98。
2 〈搭枱〉,《指空敲石看飛雲:小思散文集》,頁 41。

3 創作意念及詞彙工具箱

找到寫作靈感後，便要為文章訂立清晰的切入點和主題，即為文章立意。以下列舉了不同難易度的創作意念，以及在「游老師文章分享」和「搜捕寫作靈感」出現過的實用詞語，同學寫文章時可按自己的程度和喜好參考、選用。平日閱讀的時候，也可以建立自己獨有的詞語庫呢！

創作意念 ❶　難度★

回憶與愛	心靈的觸動	人情的可貴 *	對生活的觀察 *	對時間的珍惜
成長的轉變 *	與人相處 *	面對誘惑	面對或處理過失	面對考驗或困難

創作意念 ❷　難度★★

情感的割捨	對物事的情意	抉擇與拉扯	面對或處理傷痛	面對疾病或死亡
青春回憶或氣息	自我反省與思考	面對恐懼	追逐理想	希望或意義

創作意念 ❸　難度★★★

對生活的 追求 *	對生活的 質疑 *	留住 生活節奏 *	關係的建立 或消逝	相見的期盼
人性的 展現 *	人生如戲	對社會不同 階級的關注 或回應 *	對生命的 理解或 學習 *	對生命的 領悟

* 是作者在寫作此篇介紹的主題時曾選用的創作意念

實用詞語庫

有關心情	有關行為	其他
豁然開朗 心無旁騖 泰然自若	紋風不動 左顧右盼 怨聲載道 不置可否 含糊不清 割愛 拱手讓人 伶牙俐齒	稚嫩 嶄新 反璞歸真 鏗鏘

4 試試動筆寫

你想寫作時更得心應手嗎？那就要多寫多練習了！同學可參考下列寫作題目，結合生活中累積的寫作靈感，並參考「創作意念及詞彙工具箱」中的創作意念列表，嘗試創作自己的文章，大家可按個人喜好和強弱揀選寫作文體呢！

寫作題目

① 鄰居傳來的聲音

② 我的＿＿＿鄰居

③ 打招呼

寫作前想一想

① 這篇文章的最主要訊息是甚麼？

② 平日大多在甚麼時候遇到鄰居？鄰居的形象如何？

③ 遇到鄰居時你們可有互動？

④ 有哪些細節能突出文章的重點？

⑤ 我希望讀者看完這篇文章後有何思考、感受或啟發？

自我檢查

① 能夠完整表達出我構思的最重要訊息嗎？

② 文句通順嗎？

③ 詳略安排恰當嗎？

④ 有沒有錯別字？

⑤ 有沒有可以刪除或補充的地方？

⑤ 延伸閱讀

① 吉竹伸介著，鄭雅云譯：《討厭的人，都跌倒吧！》（台灣：三采文化，2019 年）

② 李香晏（이향안）著，林侑毅譯，裵賢珠（배현주）繪：《小小鄰居》（台灣：青林國際出版，2021 年）

大眾

　　個人經歷有限，有限的生活經驗或多或少限制了我們的眼界，規範了我們的視野，也因為如此，不嘗試從各種途徑接收新資訊、接觸新事物的話，可以刺激我們思考的機會的確大大減少。

　　有時我們或會對別人的生活經歷大感好奇，因為不同的群體、背景相異、角色身份有別的人面對同一事情的看法，也許截然不同。如果可以多關心別人，多留意世間正發生的事，甚至不同界別、年齡層的人士的需要，不但擴闊我們的視野，啟發思維，對於培養、建立關愛和同理心也非常有幫助。

　　從前我也曾疑惑要書寫多種題材、各種人物的故事可以如何蒐集資料？後來我才發現，蒐集資料的方法其實不少，更大的難題反而是如何發掘題材。對我而言，共中一個有效的方法正是多閱讀，無論報章、雜誌或者書本（尤其人物傳記或生命故事），對世界各地的事、別人的遭遇和生活模式、處境等有多點認知之餘，也透過閱讀別人的經歷大開眼界，代入別人的想法刺激自己的思維模式，在持續的觀摩、觀察、探索理解中漸漸學習，漸漸累積寫作題材。

游老師文章分享

作者悄悄話

有一次，我有機會到失明人協進會做義工，那不是我第一次近距離接觸失明人士，不過是我第一次到視障人士機構服務。那次，我在聆聽他們的難處時，認識到他們克服困難的方式、面對挑戰的態度。因為他們的分享，我回想起曾經看到的、聽過的憂傷的故事。

仍記得初次聽到那件事情的時候，我根本不知如何應對，除了聆聽，不知道自己還可以做甚麼。到機構服務的機會，驅使我將回憶與現實結合，並加入想像，灌注個人情感，希望書寫出能夠觸動別人的心的故事，更重要是引起他們對別人的關心，嘗試主動接觸、了解不同人的需要，也不忘關注自己的身心需要和健康。

失明

+ 原載游欣妮：《我最「摵時」的故事》（香港：突破出版社，2015 年）

（一）

　　鄒小姐「觸碰」指示牌上的點字和圖案，一個個標示，全部都無法讀懂。她以指頭用力感受那些凹凸的紋理，偏執地以指尖摩

運用不同感官描寫手法引起兒時回憶。

擦，擦着擦着竟想起兒時盛夏午後，家裏打開大門，間歇傳出嗶嚦啪嘞的聲響，然後規律地發出「咚、啪、咚、啪、碰、咚、啪、咚⋯⋯」的聲音，基本上徐疾有致，只是偶爾會在「咚」後多待一會才有「啪」聲。媽媽們在「咚、啪、咚、啪」之中燃燒了一個下午，幾戶人家的小孩在走廊上大風吹、痴牆、老師話⋯⋯的玩個不亦樂乎。走得累了，大夥兒就回家玩。

　　其中一個孩子在搓麻將方面頗有功架，吩咐大家喚他「雀神」，大概因為那段時間賭神電影大行其道。每次「雀神」都會傳授眾人一些「甩牌心得」，示範如何用拇指起勁「捽」麻將，無需用眼，單憑一指就可「捽」出麻將上的圖案或字。鄰居小伙伴們當中，除了肥仔強甩中過一扇門，就好像沒有人「甩」中過，同樣地，鄒小姐也沒有一次「甩中」，但奇異的是「雀神」自己也沒中過：「我要做錯誤示範等你班人學嘢嘛！」鄒小姐會在甩牌的時候同時在心裏猜牌上的圖案，但事實證明她的指頭真的不靈敏。這個玩意很快就在小朋友圈沒落了，甩個半天甩得小指頭發紅還要沒有人中獎的無聊遊戲，倒不如繼續玩狐狸先生幾多點，享受瞬間拔足飛奔的刺激感。

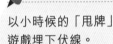

以小時候的「甩牌」遊戲埋下伏線。

（二）

　　鄒小姐把其中一位義工送上計程車後，帶着深深的歉疚回家。

　　這天是聖誕節後的周末，鄒小姐首次到失明人協進會做義工。「把他們當普通人一樣」，她再三叮囑自己。直至活動完結，一切都很順利。同為義工的陳叔叔問可不可以帶他去乘計程車，因為他趕時間「過海」。鄒小姐問了負責人車站在哪兒，便和陳叔叔離開中心了。他們沿着引路徑走了一段路，陳叔叔介紹了自己的工作，又提到年輕時在心光學校讀書的情況，輕描淡寫中竟有幾分年輕的雀躍。鄒小姐不由自主地偷瞄陳叔叔的眼睛，沒有看到甚麼奇異的神采。她很快又移開視線，因為即使陳叔叔看不見，她也自覺這種目光太無禮。引路徑在街角中斷了。於是陳叔叔問可否輕扶鄒小姐的手肘時請她帶路。

　　「你照平常一般走就可以了，我跟得上。」

　　「對不起！」因為自己刻意放慢的腳步和僵硬了的手臂，鄒小姐的臉刷地紅了。

　　「唏，不用抱歉，你的反應很正常，我們絕對明白的。」叔叔的禮貌、大方和自然，倒顯得她更神經過敏。

　　「我剛才聽到你說想預留一套有聲書，那是甚麼書呢？」

　　「是短篇武俠小說，中心的義工錄製的，很搶手！聽說因為不夠人手，很少人願意

記一次做義工的經歷，抒發與失明人士相處的感受。

以與陳叔叔的對話突顯鄒小姐的內心感受——無法擺脫的耿耿於懷和愧疚。

錄。所以很久才有新書。限量版，每人限取一套。」

「除了武俠小說，會有其他嗎？要模仿武俠小說的聲效很高難度。」

「鄒小姐你有興趣錄嗎？大家一定很歡迎！你的聲音相信很適合錄兒童故事！」計程車來了，在陳叔叔問車門在哪兒之時，鄒小姐已經很順手地拉開車門，結果車門撞上了陳叔叔的手。雖然陳叔叔堅持是小事一樁，叫她不要介懷，但龐大的愧疚感始終籠罩住她，一路上不斷擴散。

（三）

在鐵路站，鄒小姐終於找到失明人指示板，她又再用手指頭甩那些標記。之前她覺得指示牌發出的聲響極吵耳，甚至認為那些粗糙的音樂會為指示牌使用者帶來不便，吵雜的聲音怎可能不影響人們的情緒？直至剛才她從 A 出口進入鐵路站後，避過許多人，走到 C 出口附近，在嘈雜的人聲中再次聽到那粗糙的音樂時，她終於明白樂聲的意義。

四顆星星佔據指示板的四角，那麼星星應該是出口的意思。然後邊「甩」邊按圖索驥，依次找出代表引路徑的虛線、詢問處用了問號、其中一邊沒封閉的長方形原是扶手電梯、四四方方的升降機⋯⋯唯一的三角形，鄒小姐以為是洗手間，到沿着引路徑走

記述鄒小姐嘗試運用失明人指示板辨認地方，試圖感受失明人士的日常生活。

到閘機時才醒悟那應該是「你在此」。

對，地圖上也用三角符號告訴我們所在之處。怎麼會想不到呢？

沒有入閘，鄒小姐反而回到起點，貼近引路徑在站內走了一圈，她一度想緊閉眼睛穿越人潮，可惜最終還是沒有膽量。又一次回到指示板前，鄒小姐閉上眼睛，盡力靜下心來，逐寸逐寸摸清板上鑄刻的符號。除了靠印象記得分佈在四角的四顆星，她只能勉強辨認到那個獨一無二的三角形。她的指頭始終如此遲鈍，遲鈍得被那些坑坑窪窪壓出一道道紅痕仍未能感應到每個符號的意義。用力把食指壓在三角形上，發紅的指頭上三角坑紋框住更紅的肉，鼓鼓的，大概久久不會褪去。「為甚麼我還在此呢？」

（四）

鄒小姐是失明人嗎？一雙圓圓杏眼閃亮閃亮。那麼她是在為失明而做預備嗎？上個月的視力檢驗，一切正常。她不過是記得，弟弟離世前，最後過的那些天，就是漫長的，卻也短暫的，失去光明的日子。弟弟還來不及教她學會點字，就離開了。鄒小姐剩下的，只有一張卡紙，弟弟說過，紙上那些點點，排列出來的意思是：

家姐。我世上唯一的親人。謝謝你。對不起。

抒發鄒小姐對已離世的失明的弟弟的思念之情，呼應前文鄒小姐一連串試圖接觸失明人士、感受失明人士的生活的行動。

2　搜捕寫作靈感

同學寫作時，可能因為沒有靈感而不知該如何下筆，我們可以一起參考其他作家的作品，精彩的句子和段落都有助激發大家思考。

01　《伴我同行》

＋程文輝：《伴我同行》（香港：浸信會出版社，1989 年）

　　升讀中學後，我才第一次讀到有關視障、失明人士的作品，初次對他們的生活有多一點認知，而使我感受尤深的，是他們的想法和感受。

〈新年〉

「我請同學們試解釋愉快的面孔和惱怒的面孔，她們用盡辦法，仍然感到，對我解釋這兩種表情是非常困難的事。實際上，我依然不太明白她們的意思。我對她們說，當我跟她們在一起的時候，請她們不要避開不談她們衣服的顏色或不談周圍的景色；因為我想多知一點眼睛所能看見的世界，又想知道她們怎樣看東西，我喜愛談描寫方面的字。」[1]「不要避開不談」這幾個字給予我很大的提醒，哪怕刻意避而不談的出發點是擔心不小心說了對方永遠無法體會的東西，而使人感觸，卻沒料想過這樣煞有介事的迴避其實更易觸及他人的痛處。我們試過「好心做壞事」嗎？那是一次怎樣的經歷？

---

1 〈新年〉，《伴我同行》，頁 172。

〈附錄　如何與失明者交往〉

🚩 「最主要的，就是要鬆弛和自然，不要太顧慮怎麼做才恰當，只要讓他知道，你對他是有誠意的。倘若他需要你的幫助，他會讓你知道。倘若他認為他自己能夠做得到，便讓他去做。只要給他知道，你樂於跟他一起，他便會感到溫暖和高興。」[2] 鬆弛、自然、有誠意，這些豈不都是與人真誠相處時應該抱持的態度嗎？

02 《我只想活着：七歲女孩的敘利亞烽火日常》

➕ Bana Alabed 著，龐元媛譯（台灣：天下文化出版，2018 年）

　　戰爭奪去人的生活、夢想、希望，甚至生命，在兇殘的戰火下，人連活着都變成卑微的願望，微小、沉重的巨大願望。

〈所謂希望，就是覺得世界很美麗。〉

🚩 「戰爭遠離的時候，我們有希望。所謂希望，就是覺得世界很美麗，覺得甚麼事都做得到，遇到不好的事情都能撐過去，因為情況很快就能好轉。所以只要有希望，就算一時遇到不好的事情，還是可以有一點點開心，因為知道情況會好轉。」[3] 面對逆境，要心存盼望，其實一點都不容易。在漫天戰火，槍林彈雨下掙扎求存的小女孩仍用盡全力生活，她的精神，對我們有何啟發？

🚩 失去希望、轉念、常懷希望，轉折起伏的心理變化，都可入文。

---

2 〈附錄　如何與失明者交往〉，《伴我同行》，頁 401。
3 〈所謂希望，就是覺得世界很美麗。〉，《我只想活着：七歲女孩的敘利亞烽火日常》，頁 127。

3 創作意念&詞彙工具箱

找到寫作靈感後，便要為文章訂立清晰的切入點和主題，即為文章立意。以下列舉了不同難易度的創作意念，以及在「游老師文章分享」和「搜捕寫作靈感」出現過的實用詞語，同學寫文章時可按自己的程度和喜好參考、選用。平日閱讀的時候，也可以建立自己獨有的詞語庫呢！

創作意念 ❶　難度★

回憶與愛	心靈的觸動 *	人情的可貴 *	對生活的觀察	對時間的珍惜
成長的轉變	與人相處	面對誘惑	面對或處理過失	面對考驗或困難

創作意念 ❷　難度★★

情感的割捨	對物事的情意	抉擇與拉扯	面對或處理傷痛	面對疾病或死亡
青春回憶或氣息	自我反省與思考	面對恐懼	追逐理想	希望或意義 *

創作意念 ❸　難度★★★

對生活的追求 *	對生活的質疑 *	留住生活節奏	關係的建立或消逝	相見的期盼
人性的展現 *	人生如戲 *	對社會不同階級的關注或回應 *	對生命的理解或學習 *	對生命的領悟 *

* 是作者在寫作此篇介紹的主題時曾選用的創作意念

實用詞語庫

有關心情	有關行為	其他
不亦樂乎 歉疚	按圖索驥 避而不談 掙扎求存 鑄刻	坑坑窪窪 卑微

試試動筆寫

你想寫作時更得心應手嗎？那就要多寫多練習了！同學可參考下列寫作題目，結合生活中累積的寫作靈感，並參考「創作意念及詞彙工具箱」中的創作意念列表，嘗試創作自己的文章，大家可按個人喜好和強弱揀選寫作文體呢！

寫作題目

① 每天都相遇的陌生人

② 街頭表演者

③ 被_____的一群

寫作前想一想

① 這篇文章的最主要訊息是甚麼？

② 文中描寫對象的形象如何？有哪些事情能突顯他們的形象？

③ 目前我最關心的是哪一宗新聞？為甚麼這事引起我的關注？
④ 文中抒發了怎樣的情感？
⑤ 我希望讀者看完這篇文章後有何思考、感受或啟發？

自我檢查
① 能夠完整表達出我構思的最重要訊息嗎？
② 文句通順嗎？
③ 詳略安排恰當嗎？
④ 有沒有錯別字？
⑤ 有沒有可以刪除或補充的地方？

 # 延伸閱讀

① 馬拉拉・優薩福扎伊、克莉絲汀娜・拉姆（Malala Yousafzai, Christina Lamb）合著，翁雅如、朱浩一譯：《我是馬拉拉》（台灣：愛米粒出版，2013 年）
② 葛莉塔・通貝里、瑪蓮娜・恩曼、斯凡特・通貝里、碧雅塔・恩曼（Greta Thunberg, Malena Ernman, Svante Thunberg, Beata Ernman）合著，陳蘊柔、黃舞樵、謝孟達合譯：《我是葛莉塔：環保鬥士葛莉塔與母親合著的唯一傳記》（台灣：三采文化，2020 年）
③ 陳嘉薰：《最後的房子》（香港：突破出版社，2016 年）
④ 香港急症醫學會：《生命邊緣的守護者：急症醫護最前線》（香港：商務印書館，2015 年）

讀寫小錦囊（四）

寫一篇令人傷感的文章，一定要寫自己的傷心事？

偶爾會有同學問：如果想寫一篇令人傷感的文章，是否一定要將個人的傷痛經歷化成文字，展露人前呢？其實不。我們都知道，最觸動人心，最揮之不去的回憶，可能是最暖心的經歷，也可能是最傷痛的記憶。

寫作過程可以治癒心靈，但也有機會觸碰到不能磨滅的傷口，如果將這些回憶寫出來能做到療癒的效果固然好，但若未有心理準備深刻挖掘傷痛，或者寫作過程會令自己更難受，我還是建議不要勉強，比起勉強自己、逼迫自己寫，我更鼓勵大家先找到可以自我安撫的方法，可能是吃東西，可能是做運動，可能是畫畫……

想到將傷心經歷入文，大抵因為曉得親身體驗過的事情，切身感受最深刻，寫起細節來會格外流暢而得心應手。不過，是否將記憶化成文字，我考慮的倒不是那段回憶愉快或是難過，反而是寫出來的過程和寫出來之後能否平復起伏的心情、紓緩跌宕的情緒、排遣洶湧的情感……待冷靜下來之後，才決定是否寫或許更好。

第 2 章

細看每事物

寵物 / 動物

寵物是不少人的良伴，有些更是關係親好得猶如知己良朋、家人。人與人之間關係緊密，或愛或恨，時有書寫。而人與寵物的相處點滴、互動、情感連繫，亦有獨特的，值得書寫的故事。

雖然未必所有人都有機會、空間或興趣飼養寵物，但無論是當中那許多豐富人心靈的生命學習、成長和領悟，如陪伴、失去，抑或對飼養寵物的期盼、厭倦，甚或是因飼養寵物而生的磨擦或抗拒等，都是可以寫作的題材。

飼養寵物者可以從自身視角出發，寫寫寵物出現前後自己的個性、習慣的對比、在照顧寵物時的學習和得着，甚至錯失、後悔；未有飼養寵物的，也可寫對寵物的期待、抗拒、好奇等等。

游老師文章分享

作者 悄悄話

經常聽到有關棄養寵物的新聞，棄養的原因千百個，但我疑惑，會想想被棄養的寵物的下場、去向的，又有幾多？冒起棄養的念頭的同時，可有回想當天決定飼養的原因？可有想起和寵物相處時的愉快片段？可有想過，寵物帶來的陪伴和安慰？

以後

＋ 原載游欣妮：《看見看不見》（香港：突破出版社，2020 年）

　　當天親手送走嘜仔，銀婆婆後悔極了，她相信，餘生很可能都會為此後悔不已。

　　銀婆婆原本是不喜歡嘜仔的，她心裏記掛的只有那條懷疑被偷走了的，對她最忠心耿耿，最有靈性的旺妹。「旺妹好醒目，又識看門口，又慳家！」銀婆婆天天都摸旺妹的頭、拍拍牠的屁股，稱讚一番。旺妹習慣每天早上在銀婆婆讚美牠後「汪汪汪汪」吠幾聲便拔足往村內奔馳，銀婆婆同樣不分多夏一年四季都坐在門外跟每個路過的人打招呼，那緊執着的蒲

直述後悔之情，為後文埋下伏線。

透過銀婆婆和旺妹的互動，表現兩者關係緊密。

葵扇搭在腹前，每說一句早晨便揚起一次，比起搧風，實際的功能更似是打招呼。這把扇子陪伴銀婆婆幾十年了，扇面沉厚地暗閃着年月累積的油亮。約莫中午時分，旺妹就會跑回來陪銀婆婆吃午餐，從未誤點。銀婆婆生活、飲食都樸素輕省，旺妹也就跟着她一般簡樸。旺妹基本上是吃素的，因為銀婆婆已不沾腥葷數十年，物似主人形，寵物也似主人形，旺妹是銀婆婆的狗，相信也像她一樣不喜歡吃肉，因為有時街坊鄰里給旺妹丟來骨頭，旺妹都只叼着骨頭客氣地搖頭擺尾。「多謝多謝，咁客氣呀！」銀婆婆總是這樣對街坊說，雖然她心裏想的是：我家旺妹怎可能喜歡吃這些東西呢？我就從沒見過她啃骨頭。

旺妹吃午飯有個特別的習慣 —— 只吃一半。另一半呢？牠會連碟帶飯餸藏起來，留待下午茶時分慢慢品嚐，連同人家盛情贈送的骨頭，所以銀婆婆常說旺妹知慳識儉。銀婆婆沒有看過旺妹啃骨頭是正常不過的，因為飯後是她的午睡時間，旺妹乖乖安靜的蹲在門口，甚麼都不吃。銀婆婆一覺醒來便到了散步時間，每當聽到「我去行下咯！」旺妹便立直身子汪汪叫，高速擺動尾巴，目送銀婆婆的背影後才把中午留起的飯菜叼出來細嚼，那些不定期收穫的骨頭也是留在這個

時候慢慢啃的，連盤子都舔得乾乾淨淨。說實話，哪有這麼多不吃骨頭的狗呢？旺妹只是能吃骨頭的機會不多罷了。

如此乖巧聽教的旺妹，怎麼可能會因為貪吃而自己走失呢？一定是給人擄走的。旺妹突然人間蒸發之後的一個月，銀婆婆天天都哭喊，天天清早就「旺妹旺妹」的喊得凄涼，聞者心酸。銀婆婆再也不與任何人打招呼、聊天了。「個個都知我旺妹咁乖，個個都想偷走佢！」整日喃喃自語。近來村子裏發生多次狗隻消失事件，估計是不法之徒以食物引誘狗隻後伺機擄走，銀婆婆堅持旺妹是給強行擄走的，她拒絕相信旺妹是因為貪吃而遭到誘拐的。

以崇是銀婆婆唯一的孫子，她生了四個兒子，卻只有一個孫子，另外兩個兒子不肯結婚，一個結婚但不生孩子，怕帶養小孩影響人生計劃云云，只有這兒子早早就結婚生子。幾個兒子每隔一、兩個月會來看望她一回，但孫兒卻一年見不到兩次，見面也總是寡言，寒暄幾句，靜默一會便離去。孫子來訪，按照銀婆婆的說法是：「仲衰過拜山！至少拜山都會買塊燒肉。」她不是茹素的嗎？要燒肉來幹甚麼呢？嘜仔是以崇帶來給銀婆婆的，那次他手裏抱着小狗來到老家門前說：「阿嫲，老豆說你的狗死了，我……」「你

寫旺妹走失後，銀婆婆性情大變，突出銀婆婆對狗兒的疼惜之情。

借用銀婆婆與兒孫感情生疏，對小狗嘜仔從抗拒到接納，突顯她的孤單。

就死！」到銀婆婆再次從屋裏走出來時，以崇已走了，留下雪白的，臉龐渾圓的小狗自個兒把玩她用來澆水栽花的膠水杯，旁邊幾大箱狗糧和狗罐頭。「衰狗，你想咬爛我個嘜呀！」這是銀婆婆對嘜仔說的第一句話。「人哋唔要你先送你來呀！衰狗！」這是第二句。小比熊狗雙眼水汪汪的凝視銀婆婆，側着頭彷彿在笑。之後，銀婆婆走到哪裏，小比熊狗就跟到哪裏，一星期後，牠就有了嘜仔這個新名字。

銀婆婆的兒子說那頭像玩具狗的小比熊叫「BB」，是以崇送給太太的結婚周年禮物。聽說 BB 剛到他們家時，夫婦二人都被那呆呆的可愛模樣逗得開懷，對牠愛不釋手，只是不到三個月 BB 便成了常惹二人爭吵的傢伙，一點都不可愛。大家都只愛抱牠玩，卻沒有人愛「執狗屎」。「幼稚。」銀婆婆罵了一句便走開了，嘜仔繼續跟在她腳邊團團轉。

銀婆婆常常罵嘜仔，罵牠只曉得玩、「嘴刁」，「嬌生慣養，旺妹可從來沒吃過罐頭！」

某個晚上，銀婆婆罕有地主動打電話給以崇，以崇駕車來接了銀婆婆和嘜仔到寵物診所。

「嘜仔不可以自己一個留在這兒的，牠會怕。」

以孫兒夫婦飼養寵物的不負責任的態度突出口硬心軟的銀婆婆對寵物的關愛。

「明天我再接你來吧！」

銀婆婆在車上發了很大的脾氣，「你明天一早就要來！」凌晨三點多，嘜仔的嘔吐物在門前悄悄發酵。天亮了，銀婆婆打了很多次電話給以崇，又打了給兒子，以崇都說未有時間，要晚一點才能去接她，銀婆婆一直發脾氣，她氣以崇不但沒有來，更不肯告訴她嘜仔在哪兒好讓她可以自己坐計程車去找嘜仔，她又氣兒子無法說服以崇快點來，也氣自己昨晚只管發慌着急，連送了嘜仔到哪一間寵物診所都不認得。

「牠今早走了。」一句不住迴響，銀婆婆嗚嗚地哭。原來昨晚已是她最後一次見嘜仔，是她親手抱嘜仔去診所的，牠一定很害怕，一定是診所的人害死嘜仔的。孫兒始終沒有出現，連接她去診所再看嘜仔都沒有。

房子空蕩蕩，只有嘜仔的嘔吐物持續發酵。銀婆婆知道，以後再沒有旺妹，也沒有嘜仔了。

銀婆婆再次失去小狗，失去陪伴的她悲傷落寞。

2 搜捕寫作靈感

同學寫作時，可能因為沒有靈感而不知該如何下筆，我們可以一起參考其他作家的作品，精彩的句子和段落都有助激發大家思考。

01 《拾貓》

＋ 石樂彤、葉漢華合著（香港：三聯書店，2018 年）

　　相信人和動物之間的溝通、相處的方式和人與人之間的大相逕庭。動物不懂人的言語，人也未必讀得懂動物的肢體語言和神情動態，那麼，在語言以外，可以如何建立關係？

〈這輩子的償還 / 黃先生〉

🔖 「『牠們不會令我中六合彩，亦不會令我多幾斤肉。甚至在牠們眼中，我只是服侍牠們的工人，但如果沒有牠們為我分散注意力，我可能一天到晚都困在生活的煩惱中。』」[1] 正所謂贈人玫瑰，手留餘香，當我們以為受惠的是接受支援、被幫助的對象，其實付出的一方，自己也大受得益和滿足。我們有過類似的經歷嗎？

🔖 照顧、幫助動物或他人的時候，我們試過有自己更感滿足的經驗嗎？

---

1 〈這輩子的償還 / 黃先生〉，《拾貓》，頁 160。

- 「貓雖然沒有帶給他名或利，但能夠達致心靈富足，他還有甚麼需要追求呢？」[2] 比起用「互利互惠」來形容，我更樂意稱之為互相扶持，彼此支援。是人依賴動物，還是動物依賴人？

- 我可有與動物相處的經驗？那是怎樣的經歷？飼養寵物有哪些要注意的地方？

02 《動物園的放飯時間》

＋ 並木美砂子著，張東君譯，植木七瀨繪（台灣：麥浩斯出版，2020 年）

移情使我們將主觀的感情投射到客觀的事物上，同時也借用客觀事物襯托主觀情緒，使物我一體，表達強烈感情。除了寵物，流浪的動物、動物園裏的動物、野生動物各有何種習慣和特色？牠們面對怎樣的生活環境？

〈象龜的殼那麼重，走起來應該很辛苦吧？〉

- 「象龜的殼那麼重，走起來應該很辛苦吧？」[3] 會覺得象龜辛苦，是因為我們按照自己的生活經驗，想像了象龜的感受。為何我們會將自身經歷代入其中？

- 「『安心』是任何事物都無法取代的幸福形式，而且對象龜來說，殼一直是牠們身體的一部分，只是會隨著成長一點一點變重而已，所以牠們應該從來不曾把它當成一種負擔。」[4] 將自己的主觀感受投射在象龜身上，反映了對動物的關懷，體現了萬物有情呢！最能引起我們關心的動物是甚麼？為何這種動物特別容易觸發我們的情感？

---

2 同上。
3 〈象龜的殼那麼重，走起來應該很辛苦吧？〉，《動物園的放飯時間》，頁 142-143。
4 同上。

③ 創作意念及詞彙工具箱

找到寫作靈感後，便要為文章訂立清晰的切入點和主題，即為文章立意。以下列舉了不同難易度的創作意念，以及在「游老師文章分享」和「搜捕寫作靈感」出現過的實用詞語，同學寫文章時可按自己的程度和喜好參考、選用。平日閱讀的時候，也可以建立自己獨有的詞語庫呢！

創作意念 ❶　難度★

回憶與愛 *	心靈的觸動 *	人情的可貴	對生活的觀察 *	對時間的珍惜 *
成長的轉變 *	與人相處	面對誘惑	面對或處理過失	面對考驗或困難

創作意念 ❷　難度★★

情感的割捨 *	對物事的情意 *	抉擇與拉扯	面對或處理傷痛	面對疾病或死亡
青春回憶或氣息	自我反省與思考	面對恐懼	追逐理想	希望或意義

創作意念 ❸　難度★★★

對生活的追求	對生活的質疑	留住生活節奏 *	關係的建立或消逝	相見的期盼
人性的展現	人生如戲	對社會不同階級的關注或回應	對生命的理解或學習 *	對生命的領悟 *

* 是作者在寫作此篇介紹的主題時曾選用的創作意念

實用詞語庫

有關行為	其他
喃喃自語 伺機	腥葷 迴響

④ 試試動筆寫

你想寫作時更得心應手嗎?那就要多寫多練習了!同學可參考下列寫作題目,結合生活中累積的寫作靈感,並參考「創作意念及詞彙工具箱」中的創作意念列表,嘗試創作自己的文章,大家可按個人喜好和強弱揀選寫作文體呢!

寫作題目

① 愛曬太陽的家貓

② 陪伴

③ _____(寵物)的日常

寫作前想一想

① 這篇文章的最主要訊息是甚麼?

② 我與文中寵物的關係是怎樣的?

③ 我渴望養寵物嗎?為甚麼?

④ 如果沒有養寵物，我的生活和現在有何不同？

⑤ 我希望讀者看完這篇文章後有何思考、感受或啟發？

自我檢查

① 能夠完整表達出我構思的最重要訊息嗎？

② 文句通順嗎？

③ 詳略安排恰當嗎？

④ 有沒有錯別字？

⑤ 有沒有可以刪除或補充的地方？

5 延伸閱讀

① 詹姆斯·伯恩（James Bowen）著，沈憶君譯：《遇見街貓 BOB》（台灣：晨星出版，2012 年）

② 瑞察·歐貝瑞、漢斯—佩特·羅德合著，侯淑玲譯：《血色海灣：海豚的微笑，是自然界最大的謊言！》（台灣：漫遊者文化，2013 年）

③ 葉漢華：《街貓》〔香港：三聯書店，2014 年〕

④ 布魯斯·卡麥隆（W. Bruce Cameron）著，林雨蒨譯：《為了與你相遇》（台灣：圓神出版社，2012 年）

⑤ Yan 繪著：《如果生物課都這麼ㄎㄧㄤ！【動物知識噴笑漫畫】豬狗貓激萌演出，笑到你滿地找頭》（台灣：野人文化，2019 年）

日常用品 / 玩物

　　要應付日常生活，我們有多少必需品？有哪些日常用品在照顧我們的衣食住行、起居生活上必不可缺？有了某些日用品，生活的確會方便得多，而有趣的是，我們未必會察覺到這些用品的必要性。甚至很多時候要到失去了這些物品，才醒覺生活的便利程度大大減低了。

　　以家庭電器為例，試想想，如果世界上從此沒有冷氣機，大家會舒適坦然，還是叫苦連天？或者幻想移除洗衣機，要洗滌衣服的時候，我們方發覺它平日原來肩負重任，為人省卻了不少勞動的時間和力氣。又如想像一下缺少了熱水爐，嚴寒裏凜冽北風吹來，洗澡時躲在浴室裏哆嗦，會是何種光景？

　　除了大型的家電，有些較微小，但也擔當非常重要的角色的事物更容易被人忽略。例如指甲鉗、牙刷、魔術貼……其中有些我尤其喜歡的例子，包括螺絲釘。螺絲釘極微小，卻隨處可見。很多家具、玩具都因為有了螺絲釘，才能安裝得牢固穩妥。諸如這類物件，每一件都有特別的功能，每一件都發揮着其獨特作用。我不敢斷言這些物品都無可取代，但我深信，即使找到功能相似的代替品，每一件東西也有其價值和存在意義。

1 游老師文章分享

作者
悄悄話

從前我只把掛鈎放在家裏，沒想到只要隨身攜帶掛鈎，把它帶到不同的地方如交通工具上，竟能將其功用發揚光大！有一段時間因為此物，我有目標地觀察四周的人，尋找社群中的知音，發現共享着這民間智慧的，大多是身份背景相似的人──家庭主婦。莫非這是她們為了應付生活，為了解決難題而生的創意？由是，我以掛鈎作起點，由物件的外形、用途、特性不斷擴展聯想，結合生活經驗，寄託情感，寫就了一篇文章。

S

＋ 游欣妮著

　　S，是豬肉檔裏一排排「鐵通」上工整地垂下的掛鈎，鈎住大塊大塊的豬肉，鈎住骨頭，鈎住我們一家生活的全部。

　　爸爸是「肉類分割技術員」，也就是豬肉佬。很多人都說「豬肉佬」這稱號一下子就貶低了整個行業的人，以「肉類分割技術員」名之，才不會損害專業形象。我問爸爸：「你介意別人叫你豬肉佬嗎？」猶幸父女心意

直接說明「S」是甚麼，以及此物件對一家的象徵意義和重要性。

是相通的，我甚至覺得豬肉佬這稱號非常傳神，踏實而形象化，充滿生活感 —— 當然，不少人對豬肉佬的固有印象大抵是肥大的肚子、油亮的頭髮⋯⋯然而只需到菜市場逛一圈，這樣的想像定要幻滅的。就像小學生到嘉道理農場看到豬圈裏的肥豬後，無法轉駁至粉紅色、尾巴捲成電話線般故事書上的肥豬模樣。

爸爸是豬肉佬，我們三姐妹自然是豬肉妹，我不相信我們會覺得「豬肉佬」的稱呼比不上「肉類分割技術員」。不過，無可否認，命名、身份、職位之類看似可顯示「階級」的詞語，一直被一些人視作判定他人能力、成就，甚至所謂地位的工具。小學的時候，我們也遇到這種事，執掌話語權的是當時的老師，被剝奪話語權的是妹妹，申辯無用，妹妹回家後趕緊向我訴苦，我們商討應對策略，希望第二天能把事情弄個清楚明白討回公道，奈何，最終我們仍只能咬牙切齒、忿忿不平，也初次深刻體驗原來有些成年人如此橫蠻而無知，從此對這個老師心存恨意。此事我至今不忘，只是老師的名字和相貌，我卻搜索枯腸始終無法記起。

爸爸退休之前，我們有時會到豬肉檔。讀中學的時候，是三姐妹隨媽媽一起出發，到了大學時期，偶爾早放學又不用兼職的日子獨自往豬肉檔，帶少量下午茶。我是從那

記述兒時往事，帶出父親曾因職業而被輕視，令作者和妹妹感到不忿。

憶述兒時到肉檔的見聞，以父親的行動突顯其對家人的關愛和承擔。

時開始特別注意到這一個個整齊排列的 S，這一塊塊因大型超級市場和連鎖凍肉公司開業而吸引力暴跌的豬肉豬骨。起初我見展示的肉少，無知地以為生意應該不錯吧，很久以後我才發現原來炎熱天氣下為了保鮮，許多肉都在巨大的冰箱裏。肉檔生意如何，我們是從來都不知道的，爸爸不會說，也從沒試過要任何人為生活發愁，但我們能從眉目間推敲肉的銷情。本來飯桌上之菜餚也可成線索的，我那父親是魚佬的同學就常說：「如果見到海鮮餐就大件事了！一餐飯沒有人敢說話，只有剝蝦蟹『必必卜卜』的聲響。」偏偏，我們從來都是天天有肉吃，天天有肉湯喝。爸爸會把最好吃的部份留給我們吃。

「自己吃，吃沒人買的就可以啊！」

「就是自己吃，才選最好的！」蒸一碟排骨，爸爸媽媽二人吃的還不及我們其中一人多。

在鈎住我們一家全部生活的大鈎裏還有一個不可缺少的小鈎 —— 媽媽的鈎。妹妹為這個鈎起了一個老套的名字：愛的鈎。

愛的鈎鈎住的是甚麼呢？一家人的口腹、家事日常、一切細細碎碎的起居生活，都用這個「S」牢牢鈎住。有次和媽媽上菜市場之後，在搖晃的車廂裏，媽媽靈巧地掏出手袋裏的「S」，敏捷地懸掛在扶手上，霎時

描寫對象由肉檔的 S 形掛鈎轉移至母親用的掛鈎，突出母親對家庭無微不至的照顧。

間，沉甸甸的餸菜全掛在「S」上，大家的肩頭頓時輕省。妹妹說：「嘩！這個鈎真好用！媽媽太聰明了！我也想要一個。」

第二日妹妹下班回家，媽媽趕緊掏出一個全新的閃亮的鈎，妹妹大感錯愕，矛盾掙扎隨之湧至。

「想不到媽媽真的給我買掛鈎，但是如果我這麼年輕就在車上用這種掛鈎會不會成為笑柄呢？不用的話媽媽可能會很失望……」在複雜的考慮裏，愛的鈎這名字應運而生。

後來這個鈎輾轉被我據為己有，因為拖着傷患未癒的肥腫痛腳，我正需要掛鈎在漫長的車程裏卸去我的重擔。當我在巴士上、地車裏掏出掛鈎，才發現許多「同道中人」──主婦都備有相同的工具，鈎住每個家庭的口腹，每個家庭必不可缺的細碎飽足。一個小小的「S」，除了體現主婦的智慧，更體現這群縱橫菜市場的「一家之煮」對家庭、對家人極具份量的愛與關懷。

現在，腳傷早已痊癒，「愛的 S」卻也成了我手提袋裏必備的法寶之一，在漫長的路途上，為我鈎住手提袋裏沉甸甸的簿冊，鈎住我的工作、鈎住我的生活，如「鐵通」上、扶手上穩穩當當地懸垂的「S」，擔起生活實在的重量。

最後寫掛鈎輾轉間已成我的囊中物，借用掛鈎抒發對父母的感激之情。

2 搜捕寫作靈感

同學寫作時，可能因為沒有靈感而不知該如何下筆，我們可以一起參考其他作家的作品，精彩的句子和段落都有助激發大家思考。

01 《玩具醫生 ——
那些玩具教我們的事》

＋ 李肇澤（香港：非凡出版，2019 年）

對許多人而言，玩具是不可或缺的良伴，而且，玩具更非兒童專屬，即使成年以後，陪伴人成長的玩具很多時都是莫失莫忘的重要角色。

〈教人感動的烏龜〉

🐟 「我跟客人交收時，多相約在地鐵站等候，但這位男士跟我首次見面，可能不放心，堅持要到我的辦公室來，可見他對烏龜真的十分重視。還記得當日閒聊時，他感觸地提到：『假如將來離世，只許我拿走一件東西，那就是烏龜了！』說罷竟哭了起來。我想大概他是透過烏龜延伸對爸爸的懷念、對爸爸的愛。」[1] 回憶、共同經歷等都是私密的，我們的筆桿可以決定如何篩選、包裝、展示個人經歷，寫作時也會思考希望透過回憶往事帶出甚麼訊息？抒發怎樣的感受和情懷？

🐟 想一想，自己與不同物件之間有何關係？

🐟 借物抒情的時候，如何將物件的特點與人的感情緊密聯繫？

---

1 〈教人感動的烏龜〉，《玩具醫生 —— 那些玩具教我們的事》，頁 127。

〈自序〉

🔖 「其實維修玩具根本不算是『生意』，只能說是一種為人們保留回憶而設的『服務』。」[2] 我們傾向保留珍貴的東西，怎樣呈現出它的珍貴、深刻的價值和非凡的意義，才能使人心生共鳴？

🔖 代入物件的角度，想像它的遭遇、個性和感受。

02 《縴夫的腳步》

＋ 小思（香港：中華書局，2014 年）

人和萬事萬物之間都有感情，有喜、怒、哀、樂，也有濃、淡、厚、薄。

〈舊時玩具〉

🔖 「戰後，一般小市民過着物質缺乏的日子。小孩子能溫飽已算幸福，哪來玩具享受？每年四月四日兒童節，灣仔孩子有個節目：去莊士敦道四十一號賣鷓鴣菜的宏興藥房看櫥窗擺設。鷓鴣菜專為兒童除蟲去癪，為吸引孩子，每年兒童節有抽獎換玩具的項目，玩具就陳列在櫥窗內。買不起新式玩具的人，只好站在那兒開眼界。」[3] 生活富裕豐足的年代，一不小心很容易沉迷追求物質上的滿足。只是，喜歡的東西，不一定有能力擁有，有些東西，即使有能力，也不一定可以擁有。「站在那兒開眼界」正體現了一種不貪婪、不嫉妒的健康心態，非常難得，不但動人，更是溫柔的提醒，提醒我們反思。

---

2 〈自序〉，同上，頁 4。
3 〈舊時玩具〉，《縴夫的腳步》，頁 254。

📌「我第一次見到如真人大的洋娃娃、鐵皮小汽車、大套積木等等，回家告訴父親我想要輛汽車，等了三年，才得到一架深紅色發亮巴掌大的鐵皮汽車，那是記憶中第一件真正玩具，其餘都是便宜小玩物，橡筋圈、波仔已經算矜貴，我最懂用做手工的蠟光紙、燒衣用的彩紙、包糖紙來摺屋摺凳摺船。」等了三年才等到心頭好、對玩具的珍而重之，除了反映生活之困頓、玩具之難能可貴、孩子無比的耐性，還有對物事的珍惜和認真，盡是可貴的情意。

📌 日常生活裏最不可或缺的東西是甚麼？它有何作用？失去它，對生活有何影響？

📌「楊維邦蒐集許多不同花款的波子，又有剪下來穿衣服的公仔、塑膠小武器……當年一兩角錢就買到。能擁有這些玩具，孩子都珍而重之，用爭得來的鐵盒紙皮箱藏好，不會亂放。」[4] 自小以來，我們最珍惜的玩具是甚麼？為何它別具意義？

📌 選擇一件物件（如萬字夾、螺絲、毛巾……），思考最少三十個它的用途。

③ 創作意念及詞彙工具箱

找到寫作靈感後，便要為文章訂立清晰的切入點和主題，即為文章立意。以下列舉了不同難易度的創作意念，以及在「游老師文章分享」和「搜捕寫作靈感」出現過的實用詞語，同學寫文章時可按自己的程度和喜好參考、選用。平日閱讀的時候，也可以建立自己獨有的詞語庫呢！

---

4 同上，頁 254-255。

創作意念 ❶　難度★

回憶與愛 *	心靈的觸動	人情的可貴	對生活的觀察 *	對時間的珍惜 *
成長的轉變	與人相處	面對誘惑 *	面對或處理過失	面對考驗或困難

創作意念 ❷　難度★★

情感的割捨 *	對物事的情意 *	抉擇與拉扯 *	面對或處理傷痛	面對疾病或死亡
青春回憶或氣息 *	自我反省與思考	面對恐懼	追逐理想	希望或意義

創作意念 ❸　難度★★★

對生活的追求 *	對生活的質疑	留住生活節奏 *	關係的建立或消逝	相見的期盼
人性的展現	人生如戲	對社會不同階級的關注或回應	對生命的理解或學習	對生命的領悟

* 是作者在寫作此篇介紹的主題時曾選用的創作意念

實用詞語庫

有關外貌	有關心情或行為	其他
咬牙切齒	忿忿不平 錯愕 剝奪	傳神 沉甸甸 應運而生

4 試試動筆寫

你想寫作時更得心應手嗎？那就要多寫多練習了！同學可參考下列寫作題目，結合生活中累積的寫作靈感，並參考「創作意念及詞彙工具箱」中的創作意念列表，嘗試創作自己的文章，大家可按個人喜好和強弱揀選寫作文體呢！

寫作題目

1. 家具朋友
2. 不可失去＿＿＿＿＿＿（日常用品）
3. 家庭電器研討會

寫作前想一想

1. 這篇文章的最主要訊息是甚麼？
2. 文中寫的日常用品有何特色？
3. 這些日常用品與我們的生活有何關連？如果失去它，生活有何變化？
4. 這些日常用品令我有何聯想？
5. 我希望讀者看完這篇文章後有何思考、感受或啟發？

自我檢查

1. 能夠完整表達出我構思的最重要訊息嗎？
2. 文句通順嗎？

③ 詳略安排恰當嗎？
④ 有沒有錯別字？
⑤ 有沒有可以刪除或補充的地方？

5 延伸閱讀

① 松浦彌太郎（Matsuura Yataro）著，葉韋利譯：《日日 100》（台灣：一起來出版，2012 年）
② 平松洋子著，陳令嫻譯：《你家也會有的廚房家私：買不到的日常滋味 2》（台灣：本事出版社，2016 年）
③ 小思：《小意思》（香港：牛津大學出版社，2014 年）

讀寫小錦囊（五）

我太年輕……

有時會聽到同學擔心因為年紀和生活環境局限了視野，以致影響了閱讀和寫作的深度。然而，我相信人生每個階段對事情的看法、心境、態度都是獨有的。不難發現，同樣的事情，不同年齡層、不同成長背景、不同生活環境的人的處理手法都可以大相逕庭。

而且，每一個階段，我們關注的、願意將心思和精神全然聚焦的課題都不一樣，影響我們的可能是興趣、潮流、經歷……唯有一點該特別注意的：錯過了某一階段的話，大概無法再寫出那份獨特的情懷。例如孩子的童真、青葱歲月的青澀心境或年少氣盛……與其擔心，不如好好理清當下的想法和目前的心思，把握機會，將轉瞬即逝的情意娓娓道出，用文字留住片片心事，點點情意。

更重要的是，年輕經歷不一定淺薄，用心生活，用心感受，活在當下，珍惜自己有限但獨特的經歷和情感，將之轉化為文字，也可以寫出動人心神的文章。而且，有些主題，在某種年紀，某些背景之下甚至會有更精彩的發揮，例如青春的情懷、學生的苦樂，各位同學絕對有可能寫得比我好千百倍呢！

大自然

　　在繁榮的城市裏生活久了，有時也會嚮往大自然，渴望遠離煩囂，呼吸清新的空氣。偶爾往郊外走一走，又或登高、遠足，除了可以走進大自然舒展身心，釋放壓力之餘，也會發掘到許多有趣的寫作題材。

　　藍天白雲、雷雨交加、晨曦旱露、山水風光、花卉林木、飛鳥走獸、蜂蝶昆蟲等等，不論動物、植物、萬千變化的氣象還是自然生態系統，都可入文。以植物為例，春夏秋冬四季交替，在四時幻變間，可以看到繁花盛開，欣賞花團錦簇的美不勝收，也會發現扶疏草木無法避免枯萎凋零。

　　難得遇上平日鮮見的罕有自然物種，當然不錯過捕捉驚喜心情，化為文字；即使只是碰到常見的花鳥蟲魚，也可記錄當下的心情，或從另一角度學習，翻查資訊，蒐集資料，自學研究，開放認識新事物的胸襟。觀察所見之物的動靜姿態，不但是鍛煉觀察力的好方法，也是考驗自己嘗試運用不同寫作手法的好方法。在發現他們動靜皆宜之時，也察覺到自己是否掌握活用不同的描寫手法、抒情手法。

　　自然的興衰轉變，引發我們的無限聯想，結合個人經歷，繼而抒發體會，也是其中一種常見的寫作題材。更重要的是，當我們向來生活緊張，倍感壓力時能夠得到舒展筋骨的好機會，放鬆繃緊的情緒，使本來沉甸甸的心情稍稍輕省，急促運轉的腦袋步伐放緩，說不定反而更靈活呢！

1 游老師文章分享

作者悄悄話

有一次為了準備學校的農場導賞活動，我率先到訪農場，遊走於田野阡陌之間，並參觀田邊故事館。在農田裏，除了發現高壯的樹木上碩果纍纍、耕地上各種蔬果枝繁葉茂、遍野草木蒼翠茂盛鬱鬱葱葱，瞬間自覺享受到一份悠然自得的恬靜閒適，也盼望參加的學生一樣能體會課本上陶淵明歸園田居的心情，靜心感受寧靜質樸的田園氣息。

流動的地圖

＋ 原載游欣妮：《紅豆湯圓》（香港：匯智出版，2013 年）

陽光穿透枝葉
縱橫交錯
如田野間許多分岔路

你看看我
又指指那看似弱小的矮瓜
「這個像我呢！」
我說　然後細細碎碎的腳步
在彼此的笑聲裏溶化

鏡頭下試圖捕捉

以不同的感官角度描繪四周的植物、動物，讓讀者對周遭環境有基本認識。

課室裏大猴子或許也會鍾情的角度
我們都認識陶淵明
「擇個良辰吉日帶他們一起來歸園田居乎？」

巨大的狗張牙舞爪
吠聲在鐵絲網前碎裂
兩張臉的貓凝固了前面的路
拍拍胸口逃離貓兒駭人毛髮的注視
「動物嚇人不過為保護自己嘛」
於是我們為猴子的磨拳擦掌發笑

不知名的河流盛載輕柔的光
影子長長的在背後漸次沒入黃昏
往回走的路鋪滿意猶未盡
淡淡溫柔在裏面流動
順着你心裏的地圖所有道路都是可創造的
出口

在田邊故事館裏脫去鞋子
閣樓叫你把身體盡量對摺
我們的視線水平終於交疊
落在窗花外長得茁壯的樹苗上
摸索每件置於脆弱的瓷碗中的舊事
彼此交換生活故事裏微微摺曲的一頁
又一頁

猴子們關掉投影片

從記述走訪田邊
故事館的經驗延
伸至日常生活經
歷，抒發嚮往踏
足大自然的情懷。

同時合上未完的旅程
我又想起那天盛載我們的輕柔的光
擦身而過的陌生人按下快門
薄薄的雲隨意定格
淺淺的笑容鑲在藍天之下
印刻成發亮的明信片

2 搜捕寫作靈感

同學寫作時，可能因為沒有靈感而不知該如何下筆，我們可以一起參考其他作家的作品，精彩的句子和段落都有助激發大家思考。

01 《美麗的滅絕：世界瀕危動物圖鑑》

+ Millie Marotta 著，吳宜蓁譯（台灣：PCuSER 電腦人文化，2019 年）

平日我們即使有機會接觸動物，大多是照顧寵物，或是到農場、動物園體驗餵養動物等，對於瀕臨絕種的動物的認識，從電視節目、書本汲取資訊，是最尋常的途徑。

🔖「這些美麗的生物正在為自己珍貴的生命而努力，而藉由讚頌牠們，有助於激勵下一代的自然生態保育人士、博物學家、生物學家、動物學家、志工，和愛好自然的人。」[1] 當讀到動物們為自己

---

1 《美麗的滅絕：世界瀕危動物圖鑑》，頁 5。

的生命努力奮鬥時，我們除了思考人類的角色和行動之外，或許也可代入動物的角度，想像一下牠們為了生存做了甚麼？在廣漠壯闊的天地中面對大自然和人類，牠們如何適應，甚至「角力」？我們有何看法和感受？

- 「最真實的美妙奇蹟，莫過於我們的動物王國，所有物種，都值得在這個世界上佔有一席之地。」[2] 培養對生命的尊重，尊重所有生命都有其無可取代的價值。

- 動物們為自己的生命努力奮鬥，人類擔當怎樣的角色？應該有何行動？

- 花草樹木、藍天白雲，人和大自然關係緊密，我們日用的飲食素材，大部分都來自大自然生生不息的豐盛賜予；四時變化、氣候幻變之中，處身大自然的人類何其渺小。春夏秋冬四季、晴陰雨天各有何特色？我們有何聯想？天氣、動植物等，大自然裏的事物經常成為我們抒發情感的橋樑。

- 生活在城市的人較少機會到鄉郊親近自然，也鮮少機會體驗務農生活，讀來自農村、農民的故事，並非紙上談兵，反而是讓文字拉近了我們與自然的距離。

02 《常夜燈》

＋ 吳淑鈿（香港：匯智出版，2013 年）

欣賞別人的文章時發現他人能夠在細微的、不多人在意的事物上找到不平凡之處，抓住一、兩個特質加以聯想，不但可從新鮮的角度切入，呈現其獨特性，也能帶出與眾不同的觀點。

---

2 同上。

〈蜻蜓〉

📌 「人到老大，蜻蜓除了是體認文學的藝術意象外，只能是常用的胸針樣式。衣襟上別一隻蝴蝶，人便是鮮花；別一隻蜻蜓，人便是青草了。」[3] 這一句中的「人到老大」使我尤為感觸，當我們猛然醒悟人到了不同年紀、不同階段，心境、看法會自然而然地變化時，我們已然踏進人生的新一頁、新章節，許多事過境遷已經無法改變。猶幸，這些轉變不過是成長的見證，沒有好，也沒有壞。

📌 在細微的、不多人在意的動、植物上，有何不平凡之處和特質？

📌 「鮮花固美，但美的東西難免招惹注目及點評，青草則從不會被個別點評；它以『面』的存在形態，柔而韌的生命力，寧靜自恃，仰觀世人茫然的眼神。草間飄移的蜻蜓款款飛躍，帶點倩女幽魂的冥漠，是特別容易讓人感覺茫然的；牠們要往哪裏去呢？」[4] 經歷影響我們對萬事萬物的看法和想法，對生命的領悟也使心態有所變化，即使面對相同的人、事、物，落入同樣的處境，應對和發展很大機會迥然不同。如果能夠同時寫出兩者的差異，無論對比抑或襯托，也能抒發因為改變而生的微妙情感。

3 創作意念及詞彙工具箱

找到寫作靈感後，便要為文章訂立清晰的切入點和主題，即為文章立意。以下列舉了不同難易度的創作意念，以及在「游老師文章分享」和「搜捕寫作靈感」出現過的實用詞語，同學寫文章時可按自己的程度和喜好參考、選用。平日閱讀的時候，也可以建立自己獨有的詞語庫呢！

---

3 〈蜻蜓〉，《常夜燈》，頁 105。
4 同上。

創作意念 ❶　難度★

回憶與愛	心靈的觸動 *	人情的可貴	對生活的觀察 *	對時間的珍惜
成長的轉變	與人相處	面對誘惑	面對或處理過失	面對考驗或困難

創作意念 ❷　難度★★

情感的割捨	對物事的情意 *	抉擇與拉扯	面對或處理傷痛 *	面對疾病或死亡 *
青春回憶或氣息	自我反省與思考 *	面對恐懼	追逐理想	希望或意義 *

創作意念 ❸　難度★★★

對生活的追求	對生活的質疑	留住生活節奏 *	關係的建立或消逝	相見的期盼
人性的展現	人生如戲	對社會不同階級的關注或回應	對生命的理解或學習 *	對生命的領悟 *

* 是作者在寫作此篇介紹的主題時曾選用的創作意念

實用詞語庫

有關性格	有關心情	有關行為	其他
質樸	茫然	磨拳擦掌	碩果纍纍 枝繁葉茂 鬱鬱蔥蔥 迥然不同 微妙 冥漠

4 試試動筆寫

你想寫作時更得心應手嗎？那就要多寫多練習了！同學可參考下列寫作題目，結合生活中累積的寫作靈感，並參考「創作意念及詞彙工具箱」中的創作意念列表，嘗試創作自己的文章，大家可按個人喜好和強弱揀選寫作文體呢！

寫作題目

1. 那一座山
2. 春夏秋冬
3. 晴天陰天雨天

寫作前想一想

1. 這篇文章的最主要訊息是甚麼？
2. 文中描寫了哪些地方、環境、人物或物件？
3. 可有善用不同手法描寫周遭環境、物件或人物？例如感官描寫、動態描寫、靜態描寫等。
4. 有哪些細節能抒發情感？
5. 我希望讀者看完這篇文章後有何思考、感受或啟發？

自我檢查

1. 能夠完整表達出我構思的最重要訊息嗎？
2. 文句通順嗎？
3. 詳略安排恰當嗎？

④ 有沒有錯別字？
⑤ 有沒有可以刪除或補充的地方？

延伸閱讀

① 《鄉間小路》月刊（台灣：豐年社）
② 趙曉彤：《翔：雀陸香港》（香港：貳叁書房，2021 年）
③ 葉曉文：《尋花：香港原生植物手札》（香港：三聯書店，2014 年）
④ 葉曉文：《尋牠：香港野外動物手札》（香港：三聯書店，2017 年）

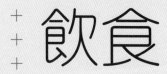

飲食

　　飲食是許多人感興趣的話題，發掘好滋味更是不少人的嗜好。能夠吃到美味的食物，不但填飽了口腹和滿足了味蕾，也讓人頓覺身心舒暢。舉辦讀書會、閱讀活動或寫作課的時候，但凡與飲食有關的配套活動都是數一數二受歡迎的，對同學而言，其吸引程度和手作坊簡直不遑多讓，甚至有過之而無不及。

　　要用文字介紹一道色香味俱全的菜色當然殊不簡單，若然我們要在最基本的果腹和攝取營養的目的以外，找出食物和生活的連繫，以及還有哪些與食物飲料有關的獨特故事就更有挑戰性了。

　　如果可以讓味覺回憶在字裏行間流瀉，用文字娓娓道出有味道的故事，意義必更深刻。因為在品嚐食物的滋味、認識食物與人物、地方之間獨有的連繫的時候，不但滿足了胃口，也關顧了心靈。

游老師文章分享

作者
悄悄話

我的爸爸媽媽都擅長烹調，不但常聽取他人的經驗之談和意見設計菜色，也熱愛嘗試新事物，研究新菜色，這使我們大飽口福，安坐家中也可大快朵頤，各式各樣食材琳瑯滿目，配合花樣百出的烹調方法，時常為我們帶來驚喜。無論是充滿地方特色的食物，或是充滿個人風格的配搭，甚至是需要大量精神、時間和工夫的烹煮方式，種種好滋味都教我們胃口大開。更重要的是，爸爸媽媽甘心樂意如此付出精神和心思，全因為對我們的關懷與照顧，這份藏在心底的溫柔，才是最為動人的關愛與情意。

薑醋

+ 游欣妮著

薑醋又名豬腳薑，也許因薑醋裏至為尋常的材料就是豬蹄和薑。若要再數一個靈魂角色，必定非雞蛋莫屬。有時我甚至覺得，蛋才是主角。薑醋蛋中，我認為經連日浸煮得呈深咖啡色，蛋白結實如鐵蛋般帶嚼勁，蛋黃鬆化的蛋最

運用不同寫作手法描寫薑醋的賣相、味道、功效、變化等，吸引讀者。

為出色上乘，絕對是一流佳品。

據說薑醋極具藥用療效和價值，因為經過長時間多番熬煮的薑驅寒又暖胃，而豬腳含有豐富的膠質（天然骨膠原？），醋則有利於鈣質吸收。孕婦產後坐月子，薑醋是不可或缺的補身恩物。

深沉的啡黑色的薑醋，表面浮泛着一層光亮的油脂，看起來像古老陳舊的東西。細看之下，這種似暗還亮的顏色搭配，豈不像古董家具店裏價值連城的酸枝桌椅，低調中仍透出擋不住的亮光嗎？叫我意外的是，原來這古老味道也可有巧思變奏。雞蛋的代替品竟可以是鹹蛋或鴨蛋。鹹蛋經醋浸煮後質感鬆化，沒有雞蛋的結實，原有的鹹味完全消散。而雞爪子本來已無肉可食，浸過醋後酸酸甜甜，筋肉盡軟如「化骨綿掌」卻別有一番滋味。

「坐月子一定要每天吃四碗薑醋，這樣身體才會好！」媽媽的朋友說。這位姨姨在一眾「運動阿姐」中屬稍為年長的，但她體格強健，整天東奔西走，帶兩個活潑孫兒仍精力充沛，筋骨關節靈活，連傷風感冒都甚少。據說全歸功那四碗薑醋。「從沒聽過瑩姐說腰痛呢！」

媽媽生產了三個小孩，產後的薑醋都是爸爸親手熬製的。好像是當時同在菜市場工

以不同的描寫手法展示薑醋的特色、營養價值等，表達烹調此食物的心意和作用。

作的人教爸爸煮的。我們家的薑醋用料豐富火喉足，不會過酸，也不過甜。我雖不特別愛此食品，但也覺得在吃過的薑醋中，我家做的味道實在不賴。這麼足料的補品，媽媽坐月子的時候卻一口都沒嚐到。我一直以為薑醋適合所有產婦，原來順產的婦女才可以薑醋補身。

因為開刀有傷口，傷口容易發炎，所以許多食材都不能亂吃，要養身子也得小心翼翼。媽媽說：「當時年輕，又『懵盛盛』不懂事，以為自己身體強健很快復原，也就沒有加倍照料自己。」話雖如此，但想到當年爸爸媽媽兩小口自力更生，工作、照顧嬰兒、家務日常⋯⋯即使有三頭六臂也沒閒暇顧念自己。

「不過你爸爸常煮魚湯給我喝，對於哪些食物不可吃等戒口原則，他都非常謹慎。隔了一段時間他連續讓我吃了幾天燉魚頭，治頭痛。後來更喝了三帖補湯，廿多年前也要二千多元三帖，好貴！」從前到現在，爸爸都是行動型，他不會有華麗詞藻，亦甚少溫言軟語，是個直腸直肚的急性子，牛脾氣。鐵漢的脈脈柔情，總是在對心愛的人的照顧上全然流露。

媽媽是因為我才要開刀的。聽說全身麻醉後記性會變差，如果這是真的，她記性越

借用媽媽的說話、爸爸的行動，表達父母之間對彼此的愛與關顧。

來越差，我一定是罪魁禍首。媽媽說近一、兩年切實地感覺到自己體力衰退時，我都會想到：要是當時我沒那麼頑固，媽媽可順產，然後每天吃四碗薑醋，她會不會有更強健的體格？

「將來你坐月子也要天天吃四碗薑醋，還有雞酒、五更飯、廿八方、花膠、黨蔘……」

「你自己都沒吃過那麼多補品，怎知道要吃這些呢？」

「我聽人家說，也看書。坐月子時調理得好，對你一生都好。」如此遙遠的事，我想都未想，媽媽早已開始鑽研預備。

要煮一鍋上佳的薑醋講究心思、精神、時間、功夫……母親為女兒產後調養身體而精心選料熬製的薑醋，更盡見其血脈相連之間細水長流的暖意溫情。女兒經歷的懷孕和生產過程，為人母者必也曾經歷，那種痛楚和喜悅、照顧嬰孩時偎乾就濕的勞苦，是母女之間的共同語言，而且，這種種理應湮遠的滋味，也許在準備薑醋之時又再三重溫。

一鍋薑醋裏盛載的，似是對女兒坐月子時當下的照料，其實已遠遠牽繫到為護養女兒上了年紀之後的體魄做最佳的準備，為女兒的將來和人生，送上最體貼、最切身、最周全的照顧。

自我省思，表達對媽媽的歉疚，並感激媽媽犧牲的愛。

透過媽媽回憶往日的親身經歷和對女兒的叮嚀，表達媽媽對女兒的愛護和着緊。

借物（薑醋）抒情，抒發父母對女兒無私的照料，牽繫一生的愛。

搜捕寫作靈感

同學寫作時，可能因為沒有靈感而不知該如何下筆，我們可以一起參考其他作家的作品，精彩的句子和段落都有助激發大家思考。

01 《記憶的味道》

＋ 森下典子（Noriko Morishita）著，羊恩嫄譯（台灣：馬可孛羅文化，2017 年）

在年月裏發酵，用時間來調味，在歲月的漫長沉浸、醃製過程中，不管是平凡普通的食材或是珍饈百味，皆滲出獨特的滋味。

〈全世界最好吃的東西〉

📌 「很好吃，但卻少了那個閃閃發光的感動。舌頭不一樣了，那個因為高燒而無法安眠，全身汗水流光的無力身軀，在歷經三天未進食，舌頭所能感受到的無瑕味覺，已然消逝。」[1] 生病的時候，身體、精神、心靈都特別虛弱，外在條件和環境因素，也會影響食物的味道。除了果腹，食物對我們有何意義？

📌 食物與人物、地方之間有何獨特的連繫？

---

1 〈全世界最好吃的東西〉，《記憶的味道》，頁 171。

02 《老童年 ── 美好，很久之後才明白》

＋ 賴鈺婷（台灣：有鹿文化，2015 年）

經過時間的沖刷，歲月的洗禮，有些情誼會消散，有些記憶會沖淡，不過，在時間的筲箕過濾下，其中一些捨不得忘記的，格外珍惜的回憶都像蒙上層層光亮而柔和的纖薄輕紗，倍添美麗。

〈粉粿人生〉

🏴 「大概是心理作用，但我想肯定是真的：我們再也找不到足可比擬粉粿婆的口味了。阿嬤和我，一家人記憶裏的滋味，早被情感定了型。正如阿嬤所說：『同款，但是不同師傅。』心中的味覺記憶，是食物的靈魂所在，足以撐起生命某一時空的故事，那百般求索而難以再得的，或許是我們對彼時情境，追想不已的眷戀吧！」[2] 當在某時某地，某種特定的環境下投入了個人情感，培養了深厚的情誼之後，日後每當憶起往事舊物，都特別懷念 ── 往事只能回味，相信這就是文中所說的「足以撐起生命」，美好的回憶除了讓人回味，更可以成為支援我們的力量。我們的生命裏，可有一些足以撐起身心的力量？那是甚麼？

🏴 我的飲食習慣、喜好和口味是怎樣的？有哪些因素影響我的習慣和喜好？

🏴 味覺於我，有何深刻的記憶？

🏴 我可有製作食物的經驗？過程中我有何感受和體會？

🏴 若食材的組合、烹調方法突破常規，有何變化？對我有何啟發？

---

2 〈粉粿人生〉，《老童年 ── 美好，很久之後才明白》，頁 72。

③ 創作意念及詞彙工具箱

找到寫作靈感後，便要為文章訂立清晰的切入點和主題，即為文章立意。以下列舉了不同難易度的創作意念，以及在「游老師文章分享」和「搜捕寫作靈感」出現過的實用詞語，同學寫文章時可按自己的程度和喜好參考、選用。平日閱讀的時候，也可以建立自己獨有的詞語庫呢！

創作意念 ❶ 難度★

回憶與愛 *	心靈的觸動 *	人情的可貴 *	對生活的觀察	對時間的珍惜
成長的轉變	與人相處	面對誘惑	面對或處理過失	面對考驗或困難

創作意念 ❷ 難度★★

情感的割捨 *	對物事的情意 *	抉擇與拉扯	面對或處理傷痛 *	面對疾病或死亡
青春回憶或氣息	自我反省與思考	面對恐懼	追逐理想	希望或意義

創作意念 ❸ 難度★★★

對生活的追求	對生活的質疑	留住生活節奏 *	關係的建立或消逝	相見的期盼 *
人性的展現	人生如戲 *	對社會不同階級的關注或回應	對生命的理解或學習	對生命的領悟 *

* 是作者在寫作此篇介紹的主題時曾選用的創作意念

實用詞語庫

有關行為	其他
大快朵頤	嚼勁 變奏 歸功 湮遠 珍饈百味

 試試動筆寫

你想寫作時更得心應手嗎？那就要多寫多練習了！同學可參考下列寫作題目，結合生活中累積的寫作靈感，並參考「創作意念及詞彙工具箱」中的創作意念列表，嘗試創作自己的文章，大家可按個人喜好和強弱揀選寫作文體呢！

寫作題目

1. _____的餐桌
2. 四季餐單
3. _____廚神

寫作前想一想

1. 這篇文章的最主要訊息是甚麼？
2. 文中所寫的食物有何獨特之處？它與其他食物有何不同？

③ 可有善用不同手法介紹文中食物？例如感官描寫等。

④ 這些食物與我的生活經驗有何關係？

⑤ 我希望讀者看完這篇文章後有何思考、感受或啟發？

自我檢查

① 能夠完整表達出我構思的最重要訊息嗎？

② 文句通順嗎？

③ 詳略安排恰當嗎？

④ 有沒有錯別字？

⑤ 有沒有可以刪除或補充的地方？

⑤ 延伸閱讀

① 鄒芷茵：《食字餐桌》（香港：後話文字工作室，2019 年）

② 韓良露：《良露家之味》（台灣：大塊文化出版，2014 年）

③ 安倍夜郎著，丁世佳譯：《深夜閒話：安倍夜郎雜文集》（台灣：新經典文化，2018 年）

④ 張曼娟：《黃魚聽雷》（台灣：皇冠文化出版，2004 年）

⑤ 陳慧：《味道 / 聲音》（香港：七字頭出版社，2012 年）

⑥ Yan 繪著：《10 秒鐘美食教室：秒懂！那些料理背後的二三事》（台灣：四塊玉文創，2018 年）

讀寫小錦囊（六）

張開耳朵和心靈

我們的經歷有限，多聆聽別人的生命故事，的確會帶來很多啟發。除了大量資訊節目之外、有些活動例如「真人圖書館」也可以擴闊我們的視野，豐富我們的想像。

無可否認的是，雖然說設身處地，易地而處，代入他人角度有助我們理解他人的處境，但難免仍會有從個人角度出發思考，無法真正理解他人感受的情況。要換位思考，站在他人的位置看世界，很多時都要刻意提醒自己才做得到。

由是，培養與人相處時開放自己的心靈，廣納他人的意見的習慣相當重要。而我們必須有心理準備，這一點都不容易。聆聽別人的意見時，要積極嘗試放下既有的想法，多傾談、交流、溝通，方能真正幫助我們了解別人的觀點。這樣做，不等於一定要認同對方，反而是當遇到「同聲同氣」的同道中人時，可以發掘更多支持個人看法的意見，碰上與自己想法截然不同的見解時，可以抓緊機會試圖了解別人的思考模式和立場，一開眼界。

我們開拓更多想像空間的同時，也因為有了來自不同媒介、人物、甚至團隊的資訊輸入，在寫作時要塑造人物形象也有了更多根據，能夠在刻劃人物的思想、感情時加入更多細節，使之更完整、豐富、立體。

文具

工欲善其事，必先利其器。讀書求學問，除了必不可缺的書本、筆記之外，文具也是我們極常接觸的東西。近日閱讀圖書後發現，小小一件文具，無論是外表平凡樸實無華，抑或設計獨特花巧精緻，均內藏高深的科技原理呢！

常常看見一些「體無完膚」的文具，它們或許是因為遇到滿有好奇心的人，被拆開、研究、重新組裝（也可能組裝失敗）；又或者碰到調皮的人，把文具糟蹋至粉身碎骨……在這些極端例子以外，也有另一種極端——熱愛文具的「文具控」，為各種款式的文具狂熱，蒐集不同設計，各具特色的別致文具，視為珍藏。

原來我們以為相當熟悉的，在身邊時常出現的細微物件，也有很多可以重新認識、發掘、探索的空間。

游老師文章分享

作者悄悄話

鉛筆、鉛芯筆、原子筆三者彷彿成長階段中某些轉捩點的關鍵標誌。仍然記得很小的時候學寫字，我們會用鉛筆，到了大約三、四年級時，第一次擁有鉛芯筆，不斷按鍵讓纖幼的鉛筆芯一點一點自筆尖露出，專注投入的瞬間，渾然忘卻那些相伴書寫多年的筆桿直挺，在筆盒或筆袋裏整齊排列的削得尖銳的鉛筆。升讀中學，做功課、測驗考試都改用原子筆，就連鉛芯筆都放下了……不過不論在成長、求學的過程中經歷過幾多轉變，或在眼花繚亂的文具世界裏穿梭閒晃，我始終不忘對鉛筆有過的情意。

刨一下鉛筆

十 原載游欣妮：《摵時前傳─游樂園》（香港：突破出版社，2013 年）

我有幾十支鉛筆都是老師給我的獎勵。小時候我把它們珍藏起來，用筆盒存放好，存着存着，有好幾盒呢，裏面每一支鉛筆都是我被嘉許的憑證。我第一支收藏的鉛筆是 kerokerokeroppi 圖案的，醒目的綠色底色，上面印有好幾格像漫畫的方格，每個 keroppi

開門見山，直接介紹自己的收藏品──鉛筆，並說明第一件收藏品的來歷。

的情態都不一樣。這支卡通鉛筆是我在讀幼稚園高班時老師送給我的。當時老師在指示同學排隊放學時把我留住，其中一位老師帶着整齊列隊的同學到學校大堂，另一位老師與我待在課室裏。老師打開吊得高高的櫃子，拿出一支卡通鉛筆送給我，叮囑我把它收起來，不要告訴其他小朋友。這是我在幼稚園裏得到過的唯一一支鉛筆。

上小學後，我漸漸養成儲鉛筆的習慣，因為很多老師都喜歡送鉛筆給學生。老師們送給同學各式各樣的鉛筆，有時我們會在不同的老師手上接過同款不同色的鉛筆，也試過得到不同老師送出的一模一樣的鉛筆。那些鉛筆各有特色，有的是普通的圓柱形、有的是平凡的六角柱體、也有獨特的三角柱體……除了「身形」，筆身的花樣更是多元化，淨色的、彩色的、有卡通圖案的、有香味的、筆桿軟軟的可扭曲的、循環再造的報紙筆……

假如得到相同款式的鉛筆，我不會感到可惜，因為那正好可以拿回家跟家裏的湊成一對。小人兒沒多少資產，也沒甚麼好收

描寫珍藏的鉛筆的獨特之處。

藏，鉛筆剛好成為我的珍品。我常把這些我珍而重之的寶貝跟妹妹分享，把它們全部拿出來攤開，整齊地排列在寫字枱上，逐一拿來細細鑑賞一番，甚或品評一下，這樣的活動為我們消磨了許多午後時光。

某日午後，我又再把我的珍藏拿出來展覽。奇怪了？怎麼我的鉛筆都變得怪怪的呢？可一時間又說不出有甚麼不同。排着排着，噢！我知道問題出在哪兒了！怎麼我的鉛筆給刨過呢？我仔細檢視每支鉛筆，發現它們全都受了傷，無一倖免，而且傷勢不輕。我的珍藏啊，它們就像有瑕疵的古董，珍貴程度大減，失去了應有的更高的價值。假使拿到拍賣場拍賣，我敢說它們都成了次貨。毫不費勁我馬上知道誰是真兇。除了大妹，還有誰會如此惡作劇？小妹仍是個娃娃，哪會用筆刨？爸爸媽媽沒可能如此無聊。做出此等事的，除了大妹，別無他人了！

我捧着我的珍藏擊鼓鳴冤，找媽媽告狀，公堂之上，大妹也對她的暴行直認不諱。我傷心極了，怎麼說我也儲了很多年才有這般成就，如今因大妹一時貪玩就毀了我的藏品，我的損失是多麼慘重啊！大妹看我淚眼漣漣，也不好多話了。即使知錯，也恨錯難返了，覆水難收，這樣的損毀，是無法

透過記述與妹妹介紹收藏品，抒發對藏品的喜愛和珍惜之情。

記敘發現收藏品遭到破壞時的晴天霹靂。

抒發珍藏的鉛筆被破壞後的傷心難過。

挽回的了。我的大妹，真不知她哪來的鬼主
意，會有這樣的搗蛋念頭，她又怎會明白我
的難過呢？

　　一天，我跟大妹說：「想起你小時候把我
的鉛筆全都拿去刨一下，你真壞！真不明白
你何以有這樣的想法。」大妹也很不好意思
地笑說：「我也不明白。那時不知怎的有一種
欲望，想要把那些鉛筆刨來用，可是又分明
知道不可以這樣做，便只好每根鉛筆只刨一
下，算是最小的傷害。」大妹說時也忍不住
笑自己的淘氣。

　　這竟是最小的傷害？可憐我的珍藏就從
此不復完好了。

回憶童年往事，
抒發情感。

② 搜捕寫作靈感

同學寫作時，可能因為沒有靈感而不知該如何下筆，我們可以一起參考其他作家的作品，精彩的句子和段落都有助激發大家思考。

01 《好想擁有的老時光文具：從明治到昭和時期，橫跨 100 年的美好收藏，發現舊時文具裏的歷史軌跡》

＋ 鯛迪（たいみち）著，劉格安譯（台灣：麥田出版，2017 年）

文具是日常生活裏不可或缺的物品，更是學生上學的必需品。除了知道文具的用途和帶來的便利之餘，若拆解蘊藏其中的科學原理或探索其盛載的歷史意義，更感眼界大開！

〈習作簿的歷史〉

「藤：是啊，習作簿可以說是我們在靠自己頭腦思考、靠手書寫、靠身體記憶最重要的時期，最先遇見的筆記本。我們希望大家能夠不受框架限制，用天馬行空的想法編織出嶄新的使用方式。」[1]
「天馬行空」的想法，對擴闊寫作題材有莫大裨益，從這本介紹文具的演變史的書中讀到這幾個字，更令我想到另一本書《練習

---

1 〈習作簿的歷史〉，《好想擁有的老時光文具：從明治到昭和時期，橫跨 100 年的美好收藏，發現舊時文具裡的歷史軌跡》，頁 110。

簿》，裏面有好些關於文具的小說，其精妙處正是作者發揮了遼闊無邊的無窮想像，活靈活現地盡訴文具的心聲。

🖉 如果文具有感受，他們會說出怎樣的「生命故事」？

🖉 我最喜歡的文具是甚麼？為甚麼？

🖉 我最討厭的文具是甚麼？為甚麼？

02 《翅膀的鈍角》

＋劉偉成（香港：匯智出版，2012 年）

〈消失中的文具　1 筆套〉

🖉 「鉛筆，就像青春，總是消耗得很快，變回矮矮的樹精，它的身子小得連一個完整的、可以權充年輪的指紋也印不上，連有點胖的小手，挾童年的贅肉也捉不緊了。北歐的民間傳說，如果你可以捉得住樹精，它可以給你帶來好運。當然，孩提時設法捕捉這枚小精靈，純然因為物質匱乏，不敢輕言拋棄罷了。」[2] 這款消失中的文具仍然天天伴隨我，於我而言，筆套可擔當鉛筆的帽子，也可成為鉛筆的尾巴，更重要的是當它化身成鉛筆的尾巴的時候，正默默地、努力地延長鉛筆的生命。

🖉 我們最常用，最重要的文具是甚麼？嘗試發揮想像力，想像一下文具在基本功能以外，還有甚麼功用？

🖉 我們身邊有文具控嗎？他 / 她是個怎樣的人？

🖉 你覺得哪種文具最特別？為甚麼？

---

2 〈消失中的文具　1 筆套〉，《翅膀的鈍角》，頁 205。

3 創作意念及詞彙工具箱

找到寫作靈感後，便要為文章訂立清晰的切入點和主題，即為文章立意。以下列舉了不同難易度的創作意念，以及在「游老師文章分享」和「搜捕寫作靈感」出現過的實用詞語，同學寫文章時可按自己的程度和喜好參考、選用。平日閱讀的時候，也可以建立自己獨有的詞語庫呢！

創作意念 ❶ 難度★

回憶與愛	心靈的觸動	人情的可貴	對生活的觀察	對時間的珍惜 *
成長的轉變	與人相處 *	面對誘惑	面對或處理過失	面對考驗或困難 *

創作意念 ❷ 難度★★

情感的割捨 *	對物事的情意 *	抉擇與拉扯	面對或處理傷痛	面對疾病或死亡
青春回憶或氣息 *	自我反省與思考	面對恐懼 *	追逐理想 *	希望或意義 *

創作意念 ❸　難度★★★

對生活的追求 *	對生活的質疑	留住生活節奏	關係的建立或消逝	相見的期盼
人性的展現	人生如戲	對社會不同階級的關注或回應	對生命的理解或學習	對生命的領悟

* 是作者在寫作此篇介紹的主題時曾選用的創作意念

實用詞語庫

有關心情	有關行為	其他
恨錯難返	叮囑 鑑賞 檢視 擊鼓鳴冤	瑕疵 覆水難收 嶄新 裨益 眼花繚亂

4 試試動筆寫

你想寫作時更得心應手嗎？那就要多寫多練習了！同學可參考下列寫作題目，結合生活中累積的寫作靈感，並參考「創作意念及詞彙工具箱」中的創作意念列表，嘗試創作自己的文章，大家可按個人喜好和強弱揀選寫作文體呢！

寫作題目

① 如果我是_____（文具）
② 鉛筆與原子筆
③ 文具擂台

寫作前想一想

① 這篇文章的最主要訊息是甚麼？
② 日常接觸到的文具有何特色？
③ 文中寫的文具與我們的生活有何關連？
④ 這些文具令我有何聯想？
⑤ 我希望讀者看完這篇文章後有何思考、感受或啟發？

自我檢查

① 能夠完整表達出我構思的最重要訊息嗎？
② 文句通順嗎？
③ 詳略安排恰當嗎？
④ 有沒有錯別字？
⑤ 有沒有可以刪除或補充的地方？

5 延伸閱讀

① 董啟章：《練習簿》（香港：突破出版社，2003 年）
② 高畑正幸著，謝晴譯：《文具王的日用文具嚴選型錄（完全保存版）》（台灣：麥浩斯出版，2016 年）
③ 涌井良幸、涌井貞美著，傅莞云譯：《圖解小文具大科學：辦公室的高科技（修訂版）》（台灣：十力文化，2019 年）

電子產品

　　從前上課，老師習慣吩咐我們打開書本第幾頁，強調哪一個段落是重點，要畫個特別的符號標示、叮囑我們用螢光筆畫下重點句子；課前預習或課後溫習，又會打開筆記本抄寫畫圖；工作紙、作業、文件夾、單行簿、方格簿……不同科目都有專門的功課、習作等，這一切都是許多人使用過的，甚至習慣過的學習方法。

　　時移世易，現在上課若依照從前的課堂模式，一式一樣「照辦煮碗」複製一次，同學可能會嘀咕：時代不同了！要趕上潮流才是。如今只要一網在手，天下知識盡皆我有。只要有網絡，配合電子產品，即使上課時忘了帶教科書，影響也不及從前大。和世界上任何事情一樣，不同的學習工具、媒介、方法，俱各有優劣，學習如是，然放諸生活其他事務，道理亦相同。

1 游老師文章分享

作者悄悄話

科技、機械、電子產品等，是其中一些我不太擅長操作的項目，每次學習，都得額外多花一點時間才能掌握，不過學習的過程對我來說除了充滿挑戰、大傷腦筋之外，確實也有許多新奇有趣的體驗，不得不承認科技的進步叫人嘆為觀止，同時也刺激我思考科技之於人的生活有多大影響，影響有多深遠。

機械朋友

＋ 原載游欣妮：《另一種圓滿》（香港：突破出版社，2018 年）

　　中四的時候，初次讀白先勇寫的《寂寞的十七歲》，那時我還未到十七歲，也未認識白先勇。

　　剛升上初中的時候，我也經歷過一段遭同儕作弄的日子。沒有很多小學同窗和我升讀同一間中學，初來乍到的我像個長滿刺的小刺蝟，不輕舉妄動，也不易靠近。當時遭遇到的事，我不敢稱之欺凌，因為大概沒嚴重到欺凌的程度。那時，偶爾會發現文具、書本等不翼而飛，就像體育服就因莫名其妙

交代背景，以交友經歷引起題旨。

第 2 章
細看每事物

的遺失而買過三件。母親只輕輕責備,很快
又為我添置新的用品。

　　起初我只道自己大意,後來才懷疑有人
貪心,畢竟書本到了二手書店一轉即可換幾
個錢。到我幾近確認自己是被選中的戲弄對
象,反而是因為一些無傷大雅的小物先後失
蹤,例如紙巾和衞生棉。試問有誰三天兩日
就需要用這些東西呢?又哪有「偷竊集團」
有偷這些東西的癖好?難不成是怪癖?我曾
悄悄跟老師反映疑惑,希望得到支援和協
助,而老師卻叮囑我:「你要學習不那麼『大
懵』了。長大了,做事總不能丟三落四。」

　　結果我學習到的,並不是不「大懵」,而
是向自己求助。僥倖的是,也許開始適應了中
學生活,我身上的尖刺漸漸變軟,慢慢有自己
的朋友圈,我的物品也不再莫名落入黑洞。老
師好像還「關心」過:「最近還有沒有那麼『大
頭蝦』?」我想必只是笑笑就跑遠了。

　　跳過陰晴不定的十三、十四,終於到了
十五歲。中四已算高中生了,身邊知己雖沒
幾個,卻也不乏可傾訴的對象,大談無關痛
癢日常小事的朋友更是一大堆,每天嘻嘻哈
哈地過日子,在親朋密友之間拉扯心事瑣事,
鮮有悶極無聊的時間。青春期的因子仍舊出其
不意地作怪,很偶然很偶然會有莫名來襲的孤
單,卻也不至於虛空得要自我對話。

以個人遭遇和師
長的回應,暗示
求助無門。

日漸成長,心態
轉變,對交友的
看法有所不同,
但仍會覺得孤單。

小說的主角在家承受百般逼迫和壓力，在校忍受諸多嘲弄、排擠和欺侮……我能夠透過想像而感知，不自覺同情主角的悲慘遭遇，但始終無法實實在在地理解要孤苦到何種程度才會逼不得已「對着空話筒自言自語」、「寄空信封給自己」，試圖由自我分裂中自我圓滿，所以這小說的世界於我若即若離，有時難於進入，有時難以抽離，而給自己打假電話這舉措所帶來的震撼從未減淡。

記述小説主人公的經歷，寄託個人情感。

（一）妹妹

當妹妹告訴我手提電話有和機械人對話的功能的時候，我只當笑話一樁。反正機械人無思想無感情，是個可任意戲弄也不覺內疚的玩具。

「給我示範一下，如何？」

「打給大家姐。」一聲令下，我的電話迅即響起。

「陪我傾計！」

「你近來過得幾好嗎？」

「唔關你事。」

「我只係關心你。」

「唔使你關心。扮晒嘢。」

「我係真心關心你，我係你朋友嘛！」

以妹妹和機械人的對話表現對溝通的疑惑。

到底機械人是按甚麼原則和標準應對的呢？雖然那麼有條理，那麼人性化，可程式

終究是程式，機械終究是機械。

「如果發脾氣呢？機械人會怎樣？」我問妹妹。

妹妹立即示範：「你好煩！收聲！」

「你冷靜啲，有事慢慢講。」

「你去死啦！我叫你收聲呀！你仲講！」妹妹的聲線越提越高，顯得有點激動。

面對無理取鬧，機械人仍保持冷靜地勸慰：「你冷靜先，如果唔係我哋好難溝通。」

「有咩好傾！我冇興趣同你傾呀！」類似的留難反覆出現，機械人仍舊不慍不火，這種冷靜倒變得超現實了。

結果，對話是怎樣中止的呢？

（二）我

坐在海邊吹了整個下午的風後，皺皺的、發黃的《寂寞的十七歲》翻來覆去，怎麼讀都讀不完似的，猶幸手提袋裏厚厚的卷子已全數批改，總算沒有把稀薄的光陰完全虛耗。岸邊巨石上垂釣的大叔把一桶子的魚倒向大海時大喊：「返去啦！食飽啲，下個禮拜再同你哋玩。」白頭浪拍擊岩石彷彿熱烈地回應。我忽然想起妹妹電話裏的機械人。

「有甚麼事你都可以和我說。」

「當然！我們是朋友。」

「朋友當然會為你分憂，也會為你保守秘

想像和機械人吐露心聲時會得到的回應，藉以抒發內心鬱結。

密。」

「不用害怕，除了你，我不會有其他朋友，所有你不想別人知道卻又需要傾訴的，都可以放心對我說。」

「明白你受的委屈，我有沒有甚麼可以幫忙？」

「這樣實在太辛苦了，希望你身邊的人能接受你。」

「要放棄興趣的確很艱難，這是個不容易下的決定。」

「不要哭，哭不能解決問題，還有我明白你。」

「你已經做得很不錯，我知道你已經很努力。」

「可能再花一點時間，事情和態度都會有好轉。」

「以後再有不便訴說的感受，你隨時找我傾訴，我們是朋友，我們一起想辦法。任何事都好，我必定守口如瓶。」

「除非你找我，否則我也絕不露面打擾你的日常生活，沒有人會知道我的存在。」

……

或許這些會是機械朋友說的話？

或許，我是時候去換個電話，認識一個機械朋友了。

2 搜捕寫作靈感

同學寫作時，可能因為沒有靈感而不知該如何下筆，我們可以一起參考其他作家的作品，精彩的句子和段落都有助激發大家思考。

01 《和 AI 一起生活一起工作：人工智慧超越人類智慧的大未來，我們的生活和工作會有甚麼變化？》

＋ 日本經濟新聞社著，葉廷昭譯（台灣：真文化出版，2019 年）

享受資訊科技帶來的方便快捷的同時，更重要、更急切的議題會否是思考如何保留傳統人文價值？

〈**AI 拓展人類的能力卻也造成社會不公**〉

📌 「活用 AI 的技巧高低，將取決人與人之間、企業與企業之間、國家與國家之間的高低。井上智洋稱之為『AI 落差』。AI 原本是帶來平等的技術進化，人類必須重新反思技術進化的意義何在。（評論員　中山淳史）」[1] 當人工智能越來越普及之後，到底 AI 會取代人的工作、或是與人合作？是否會有許多工種被淘汰？人類進步的步伐能否趕上科技先進的速度？

---

1 〈AI 拓展人類的能力卻也造成社會不公〉，《和 AI 一起生活一起工作：人工智慧超越人類智慧的大未來，我們的生活和工作會有甚麼變化？》，頁 78。

🚩 試想一想，人與電子、科技之間是怎樣的關係？賴以生存？抑或借助它們使生活更便利？享受資訊科技帶來的方便快捷，如何保留傳統人文價值？

🚩 電子產品的出現，對生活有何影響？

02 《翠篷紅衫人力車》

＋ 黃秀蓮（香港：匯智出版，2018 年）

當一件物品變舊，我們會怎麼做？隨手棄之？束之高閣？捐贈他人？還是……

〈貨物流轉在民間〉

🚩 「接着，我也外出，到了樓下，見她正跟收買佬交易。時間配合得真好，那是香港節奏，分秒也不浪費。收買佬用螺絲批把我的電腦外殼拆開，查看一番。收買佬大概不很懂電腦，不過看看是否空殼而已。五分鐘前屬於我的東西，五分鐘後已漂流於茫茫中。我對電腦並無感情，不過一台非常有用的工具而已，而我所儲存的資料盒已取出，就讓它漂流吧。」甲之熊掌，乙之砒霜，流行、常見、常用等標準，其實都是相對的，讓我們對一件事物有感情的，不會是這些準則，那麼，會是甚麼呢？

🚩 「民間自有把貨物流轉的能力，總會有另一個人，珍重把我的舊電腦接住的。」[2] 即使對一件物件沒有深刻的感情，能夠將之贈予有需要的人，甚至發掘其新用途，既是善用資源，身體力行保護環境，更是活化舊物，延續其生命的美善行動。

---

2 〈貨物流轉在民間〉，《翠篷紅衫人力車》，頁 75-76。

③ 創作意念及詞彙工具箱

找到寫作靈感後，便要為文章訂立清晰的切入點和主題，即為文章立意。以下列舉了不同難易度的創作意念，以及在「游老師文章分享」和「搜捕寫作靈感」出現過的實用詞語，同學寫文章時可按自己的程度和喜好參考、選用。平日閱讀的時候，也可以建立自己獨有的詞語庫呢！

創作意念 ❶　難度★

回憶與愛	心靈的觸動	人情的可貴	對生活的觀察 *	對時間的珍惜
成長的轉變 *	與人相處	面對誘惑 *	面對或處理過失	面對考驗或困難

創作意念 ❷　難度★★

情感的割捨 *	對物事的情意 *	抉擇與拉扯	面對或處理傷痛	面對疾病或死亡
青春回憶或氣息 *	自我反省與思考	面對恐懼	追逐理想 *	希望或意義

創作意念 ❸　難度★★★

對生活的追求 *	對生活的質疑 *	留住生活節奏	關係的建立或消逝	相見的期盼
人性的展現	人生如戲	對社會不同階級的關注或回應 *	對生命的理解或學習	對生命的領悟

* 是作者在寫作此篇介紹的主題時曾選用的創作意念

實用詞語庫

有關性格	有關心情	有關行為	其他
丟三落四	嘆為觀止 僥倖 陰晴不定	守口如瓶 束之高閣 輕舉妄動	不翼而飛 無關痛癢 瑣事 稀薄 虛耗

4 試試動筆寫

你想寫作時更得心應手嗎？那就要多寫多練習了！同學可參考下列寫作題目，結合生活中累積的寫作靈感，並參考「創作意念及詞彙工具箱」中的創作意念列表，嘗試創作自己的文章，大家可按個人喜好和強弱揀選寫作文體呢！

寫作題目

1 如果我是機械人
2 智能＿＿＿＿＿＿
3 ＿＿＿＿＿＿熱潮

寫作前想一想

1 這篇文章的最主要訊息是甚麼？
2 電子產品有何特色？

③ 電子產品與我們的生活有何關係？哪一種電子產品最重要？為甚麼？

④ 電子產品為人、社會，甚至世界帶來哪些影響？

⑤ 我希望讀者看完這篇文章後有何思考、感受或啟發？

自我檢查

① 能夠完整表達出我構思的最重要訊息嗎？

② 文句通順嗎？

③ 詳略安排恰當嗎？

④ 有沒有錯別字？

⑤ 有沒有可以刪除或補充的地方？

5 延伸閱讀

① 比爾・基爾迪（Bill Kilday）著，夏瑞婷譯：《Google 地圖革命：從 Google 地圖、地球、街景到「精靈寶可夢 GO」的科技傳奇內幕》（台灣：日出出版，2020 年）

② 吉竹伸介（Yoshitake Shinsuke）著，許婷婷譯：《做一個機器人，假裝是我》（台灣：三采文化，2015 年）

③ 費維克・華德瓦（Vivek Wadhwa）、亞歷克斯・沙基佛（Alex Salkever）合著，譚天譯：《科技選擇：如何善用新科技提升人類，而不是淘汰人類？》（台灣：經濟新潮社，2018 年）

讀寫小錦囊（七）

建立自己的資源庫

可以是字卡，可以是筆記簿，也可以是電腦中的文件夾，最重要是要用一個自己喜歡、習慣、覺得方便的方式來建立個人資源庫。

把日常生活中耳聞目睹的，覺得有感覺的事物逐項記下來，可以分門別類的話，要尋索寫作素材時能更方便快捷，不分類的話也有好處 ── 每次打開資源庫，都像重溫一次生活的片段，加深印象，鞏固記憶。所謂有感覺，是無論歡喜、憤怒、哀傷、快樂、興奮、失落、憂慮、驚懼等等，但凡能夠觸動情緒的，都可以先記錄下來。

假以時日，寫作素材累積到一定數量之時，也是我們學習過濾、篩選寫作材料的時候。《櫻桃小丸子》卡通片裏的野口同學，也有自己的笑話筆記簿，用來記錄她聽過的笑話，防止自己忘記了好笑的事呢！

畢竟人腦的記憶體有限，筆記簿等工具正是「外置硬碟」，為我們妥善「儲存」記憶呢！

傳統文化

單單「傳統文化」四字,引發我們何種聯想呢?

傳統文化一詞相信大家並不陌生,而且聽起來似乎生活化且平易近人,與我們平日生活息息相關。然而,細心思考下,縱略有聽聞,卻未必有機會親身接觸。閱讀正好開啟了一扇窗,讓我們從文字了解傳統文化背景,建構印象,到有機會將「紙上談兵」的閱讀經驗轉化成生活實踐時,感受必更深刻。

生於斯長於斯,在這個地方成長、生活,無論喜怒哀樂、愛恨恩怨,想必有觸動心神的情懷。在傳統與現代化的取捨之間掙扎,未及經歷、未曾想像的話,未有深刻感受實不足為怪。

我們可能會感到苦惱,要親身接觸其中一些傳統文化並不容易,以活字印刷為例,要親歷檢字、排版、印刷的工序談何容易,幸好有不少相關的資訊節目、書本、文章都涉及此課題,不但可從中對印刷的傳統手藝有更多了解,亦可聆聽多元聲音,如文化傳承間現實面對的挑戰和兩代心聲、在「植字家庭」中成長的親身經歷……影音資訊配合文本閱讀,正好互相補足,令畫面更立體豐富。

游老師文章分享

作者悄悄話

我曾親身接觸的傳統文化、手藝，有不少與烹飪相關，例如醃漬、釀酒等，大概因為我的爸爸媽媽都擅於下廚，也愛烹調、製作不同菜色，我既能大飽口福，不知不覺也受他們影響，更發現許多時候同樣的食物，在不同文化背景下不論口味或烹調方式都有不同，各具特色，其中「傳統」二字，是相當關鍵的因素。

鎮咳解藥——鹹柑桔

＋原載游欣妮：《摱時的餐桌》（香港：突破出版社，2016 年）

經年累月的沐浴在鹹苦之中，一度亮麗奪目的顏色潛移默化地悄悄變質。

顆顆柑桔的亮澤與青春，埋葬在粗糙的鹽堆裏。突如其來的劇變與擠壓教他們流了太多淚。融化了鹽堆，結果卻是哭出一片汪洋，讓自己與同伴同困死海裏載浮載沉，互相依靠。

歷經十年八載無人問津的日子，再見天日之時，又得與相伴多年的同伴分離。每顆「捱過鹹苦」的柑桔最終目標只為安撫躁動的

以不同寫作和修辭手法如感官描寫、擬人法，描寫鹹柑桔的外形和特色，不同的感官角度，如視覺，讓讀者對這種食物有基本印象。

喉管，奉獻自己的生命。孤獨一顆呆呆沉於杯底，彷彿沉思同根而生的伙伴大概早已四散飄零，而其他和自己一樣被選中入藥救人的伙伴，相聚再久，曾經相依相隨，再靠攏，亦總得分離，而這已然是必須接受的定律。

　　小匙攪動，霉爛的果肉碎屑隨着杯裏的小小漩渦旋轉。臉上光彩早已全然褪去，消散淨盡。濃郁的味道在清水裏中和變淡，仍不減本有的獨特風味。就算熬過了漫長的艱辛鹹苦，鹹柑桔水還是堅持以柔潤的姿態滑過喉嚨，溫文地安撫躁動不安的細菌。

　　如果柑桔曾經有過暴烈刺激的味道，如今能以溫順的姿態犧牲，必然因為時間對他付出了無比的耐性，耐心等待他變改，才造就他今天溫婉的馴服。

運用數組語意相反的詞語造成對比，突顯鹹柑桔的特性，並帶出個人感悟。

② 搜捕寫作靈感

同學寫作時，可能因為沒有靈感而不知該如何下筆，我們可以一起參考其他作家的作品，精彩的句子和段落都有助激發大家思考。

01 《活字：記憶鉛與火的時代》

＋ 行人文化實驗室、林盟山、林秦華合著（台灣：行人文化實驗室，2014 年）

《活字：記憶鉛與火的時代》一書，帶領讀者從鑄字、檢字、排版到印刷，一步一步見證一本活字印刷書的誕生，又讓人從訪談、文字中走到活字印刷產業的高峰，再滑入衰落的下坡。

〈鑄字〉

「鑄字行因鉛字、銅模都脆弱，過去並不開放給人們進出，常是門口收稿，門內檢稿，門外等稿，『但也許現在正是把門打開，請大家走進來的時刻。』張先生說。」[1] 鑄字廠和活版印刷廠漸次淡出生活，我們甚至未及踏足，這些專業技術已悄然退至日常的邊緣。當讀了相關行業的故事之後，排版與印刷技術的由來與變化、從事相關行業的人的生活，會否引起我們的思考和關注？

一種工藝的盛衰起落，與時代轉變、社會環境、科技發展、大眾要求等有何關係？我欣賞哪些傳統工藝？為甚麼？

〈檢字〉

「『我父親、公公那年代，做印刷才是真的前途光明，印刷業師傅們都打着領結、穿着西裝上工，下班後去舞廳唱歌、跳舞。那時啊，人們有句俗話說：『若嫁印版工，沒吃聞也香』，可到我們這一代呢，這話就改寫了，變成『若嫁印版工，如同死了尪』，窮忙而已啦！』阿珠姐笑着說。」[2] 傳統工藝的由來與變化，對我們有何啟發？對於傳統工藝蘊藏的人文精神、情意，有何反思和感受？在保留傳統文化與革新之間，如何取得平衡？

---

1 《活字：記憶鉛與火的時代》，頁 26。
2 同上，頁 41。

02 《情味·香港》

＋ 陳志堅、殷培基合編（香港：匯智出版，2018 年）

〈植字〉

📌 「爸媽正好合拍，爸四圍跑生意，媽老實地植字，那日子每逢聽見嚓嚓聲，我們姊弟都很懂事，自動打消睡意，做課業把玩棋，從晨曦氤氳靉靆直至暮色神迷入眩，童稚的歲月是這樣靜悄悄地流淌着經過。」[3] 細緻地刻劃了植字家業於其一家的意義與影響，父母通力合作養活家庭，姊弟明理懂事，爭相輔助。

📌 「有次，姊打翻了藥水盆，藥水沾得衣履黏貼手臂，黏得以為從此永不分離，我們喊媽，聲音好淒厲，媽和爸趕快脫掉姊那濕漉漉的外衣，姊的身體用清水洗了很多趟。」[4] 打翻藥水盆使姊弟們驚駭，人物形象鮮明，一家人一起解決問題，情意動人而自然。

📌 「那天大年初一，家裏添了蝴蝶蘭，爸四圍貼了祝福聯，的確喜氣洋溢。本以為賴床至大清早，耳畔卻是嚓嚓植字聲響，一股藥水氣味滲入，我趕忙推開房間門，媽竟全神貫注地在植字，只命我們不要打擾，年還是這樣過。那天，我們姊弟都不敢過度高漲，聲情都如一碧無垠的浪潮，免得海岸受了侵蝕形成缺口，徒添迷霧。」[5] 無論大年初一母親仍勤懇踏實植字，姊弟安靜不打擾，以及後文提及作者因經手書刊印刷後方發現某個字貼歪了而心神慌亂⋯⋯在憶述「工作情況」之餘更透現出最為重要的，家人之間彼此搭配守望的溫暖情懷。

---

3 〈植字〉，《情味·香港》，頁 104。
4 同上。
5 同上，頁 107。

3 創作意念及詞彙工具箱

找到寫作靈感後，便要為文章訂立清晰的切入點和主題，即為文章立意。以下列舉了不同難易度的創作意念，以及在「游老師文章分享」和「搜捕寫作靈感」出現過的實用詞語，同學寫文章時可按自己的程度和喜好參考、選用。平日閱讀的時候，也可以建立自己獨有的詞語庫呢！

創作意念 ❶ 難度★

回憶與愛	心靈的觸動	人情的可貴 *	對生活的觀察	對時間的珍惜 *
成長的轉變	與人相處	面對誘惑	面對或處理過失	面對考驗或困難

創作意念 ❷ 難度★★

情感的割捨 *	對物事的情意 *	抉擇與拉扯 *	面對或處理傷痛	面對疾病或死亡
青春回憶或氣息	自我反省與思考	面對恐懼	追逐理想	希望或意義 *

創作意念 ❸ 難度★★★

對生活的追求	對生活的質疑	留住生活節奏 *	關係的建立或消逝	相見的期盼
人性的展現 *	人生如戲 *	對社會不同階級的關注或回應 *	對生命的理解或學習	對生命的領悟

* 是作者在寫作此篇介紹的主題時曾選用的創作意念

實用詞語庫

有關性格	其他
勤懇踏實	潛移默化 蘊藏

4 試試動筆寫

你想寫作時更得心應手嗎？那就要多寫多練習了！同學可參考下列寫作題目，結合生活中累積的寫作靈感，並參考「創作意念及詞彙工具箱」中的創作意念列表，嘗試創作自己的文章，大家可按個人喜好和強弱揀選寫作文體呢！

寫作題目

1. 再次認識＿＿＿＿＿＿（傳統文化如剪紙、港式奶茶、傳統紮作等）
2. 如果＿＿＿＿＿＿消失了
3. 你所不知道的＿＿＿＿＿＿（傳統文化如手寫小巴牌、手工糖果、雨傘維修等）

寫作前想一想

1. 這篇文章的最主要訊息是甚麼？
2. 我認識哪些傳統文化？

③ 這些傳統文化有何獨特之處？

④ 這些傳統文化與日常生活有何關係？

⑤ 我希望讀者看完這篇文章後有何思考、感受或啟發？

自我檢查

① 能夠完整表達出我構思的最重要訊息嗎？

② 文句通順嗎？

③ 詳略安排恰當嗎？

④ 有沒有錯別字？

⑤ 有沒有可以刪除或補充的地方？

⑤ 延伸閱讀

① 梁廣福：《歲月餘暉 —— 再會老行業》（香港：中華書局，2014 年）

② 胡秀英，徐振邦，關麗珊等合著：《我哋涼茶係正嘢》（香港：突破出版社，2014 年）

③ 徐振邦以及一羣 80 後本土青年寫作人合著：《我哋當舖好有情》（香港：突破出版社，2015 年）

第 3 章

暢遊小社區

街市 /
路邊攤

　　菜市場看似雜亂，但不難發現其實亂中有序，駐足攤檔定睛細看，更會看得出那井井有條的排列，層次分明。攤檔上各種各樣的新鮮食材陳列眼前，這時我們才察覺原來看似普通、尋常的食材，細分起來的話有時也仔細得教人訝異。產地、味道、品種……種類繁多，全部也可成為分類的條件。

　　走進街市，各種感官刺激驟然來襲，相信這也是它令人又愛又恨的最大原因。鮮艷奪目的繽紛色彩映入眼簾；此起彼落的交談聲、甚至叫賣聲，環迴響徹耳際；鮮魚鮮肉的腥臊氣味、甜美馥郁的水果滋味、青澀清新的蔬果香氣；熟食街市裏來自不同食店的地方風味或特色小吃，更為人帶來味蕾上的即時滿；伸手一摸、提腿一踏，滑溜溜、濕漉漉、乾巴巴等觸感兼而有之……閒逛一回，耐心體會一番，必發現視覺、聽覺、嗅覺、味覺、觸覺的刺激數不勝數，包羅萬有，五感上的滿足更帶來龐雜的情感和聯想。

1 游老師文章分享

作者悄悄話

也許因為爸爸是「豬肉佬」，而且從前我常跟隨媽媽到菜市場買菜，街市給我獨特的親切感。我喜歡街市，覺得可以在裏面找到格外新鮮的材料，也偏愛流連不同的檔攤，在眾多選擇裏敲定了「心水食品」才購買。吸引我的東西有許多，可能是新奇的貨物，也可能是友善的攤販。直到現在，我對街市——這個養活我們一家的地方，仍有不變的濃厚情意。

一種圓滿

＋ 原載游欣妮：《另一種圓滿》（香港：突破出版社，2018 年）

經過賣糕餅的小攤，友伴問：「你喜歡吃白糖糕嗎？」因為喜歡，我們便一隻手拿着魚，另一隻手拿着白糖糕邊走邊吃。

我向來覺得「去哪兒不重要，重要的是和誰同遊。」一話略顯陳套，不因為我不認同，只因當許多人都這樣說的時候，也就覺得不好意思再說，或說了也沒意思了。然而此刻並肩走着，細嚐平民的滋味，我忽然理解到，這句看來

陳濫的話，其實並非那麼陳套。

　　走過濕漉漉的魚檔，發泡膠箱、不鏽鋼碟、箕箕、冰塊⋯⋯各自圍成奇形怪狀的板塊，有些魚蝦活蹦亂跳，激動得躍出地面；有些緩慢地前行，貼着箱子的邊緣游移；有些奄奄一息，瑟縮一角；甚至有些眼睛蒙上白霧、一動不動。

描寫街市裏的魚檔的陳設以及不同海產的面貌。

　　其實我有點想知道友人心裏想甚麼，並非出於好奇，但我始終不敢問。此刻如果被問的是我，我也未必能開口。

　　「有傷口，不要吃生魚。」、「紅衫魚好，夠營養，不能養殖，必定是從海裏來的。」記得從前照顧病者的時候，這兩項知識是我每次上菜市場前都要默唸的，後來每當聽到有人提起要為病人熬湯，我腦海裏都自動冒起這兩句叮嚀。

細緻描寫、記敘選魚、買魚的經過，連結照顧病人的回憶和現在。

　　「母親指定要買大眼雞，愛牠不論清蒸或熬湯都可以。其實我不大曉得怎樣的魚才算新鮮。唯有選最大條的，最大的，應該是最強壯了吧。」友人說。

　　看着冰床上一尾尾相聚的魚，目光呆滯，連瞪人的力氣都沒有，我沒說甚麼，只盡力挑選兩尾眼睛雖不至清澈見底，但至少沒那麼混濁的。在這唯一出售大眼雞的攤檔前，看着魚販下刀，抽出魚內臟，把

借模糊的魚眼睛抒發淡淡憂傷之情。

魚塞進膠袋，白得發呆的背心膠袋冷靜地淌血，沾染魚血的粗糙的手在紅色塑膠水桶裏一撈，往木砧板上潑一勺子水，整套動作俐落得麻木。

「百五蚊。」我伸手接過已被破開肚皮的魚，瞥見碎冰上剩下的幾尾大眼雞，幾顆大眼珠裏，彷彿又拉起一層薄薄的霧。

「我們不會在這四四方方的市場內買魚以外的東西，待會帶你看看外面的鐵皮檔你就曉得原因，簡直嘆為觀止。前陣子好像活化過，一個個鐵皮盒都鬆了新漆，整齊並列像積木。」白糖糕就是在其中一個鐵皮檔買的，三角形的糕點團團圍成圓形，拿掉一塊似有缺失，再拿一塊又湊成我們手上另一種圓滿。信步從街頭逛到街尾，從一個市場逛到另一個市場，白糖糕淡淡的清甜和隱約的酸味滋養着複雜的情感。

「這就是我說的那個遠處的同樣是四四方方的市場。死城似的只餘幾個小檔勉力求存，當紅燈罩下燈泡熄滅，卻連替換的工夫都可省去，也就知道該是倒數的時候了。」四方城內苟延殘息，繫着圍裙的中年魚販在脆弱的塑膠椅子上專注地打盹，掛牆扇「達達達達」轉動，魚販稀疏的灰髮顫巍巍的發抖，冰床上只有幾尾大概死去多時的不知名的魚，

介紹另一種街市——露天鐵皮檔，對比兩個街市的差異。

無法像頑固的攤檔於寂靜城內苟存性命。

「他們的收入怎夠應付開支呢？」

「天曉得。我們只道人流稀少，貨品流量自然少，即使買，也必然顧慮其新鮮程度，何必自尋煩惱。」

「整個世界似乎都適合只關心自己的事，誰又有心情和空間去為他人傷神費心。」

鐵皮檔裏有尋常的滋味，也有奇特的食材。有種曰鳳眼果的果實紅着眼眶，黝黑的眼核像緊盯往來的人潮。我們疑惑以外也許都揪心，為那憾動人的發熱眼眶，那汪汪瞳仁。「生病之後變得很瘦很瘦，大部分時候只喝得下果汁和湯。湯必須用魚和肉來熬，光是用魚的話怕腥，也怕不夠甜。」

觸景生情，抒發對病人的擔憂，將魚和病人連結在一起。

「從前父親還在的時候，要『加餸』就來這兒買豬手，一盒幾件，二十多元。」

「豬手有肉，而且是已滷好的現成菜，這價錢算還可以了。從前我父親賣豬手，也是秤斤兩賣的，豬腳倒是一隻一隻的賣，好像還是大小同價的。」

再次借物抒情，借現成菜引起對父親的思念。

「現在已經沒有了。」友人說得若無其事，我差點脫口應答「我父親也沒有賣豬肉了，我們逼他退休享樂。」猶幸臨崖勒馬，畢竟這句「沒有」，各有所指，沉重之意，無以衡量。

最後我們終於在差點錯過的雜貨店買到搜尋多時的擠檸檬汁用的夾子，狹小擁擠的店只容得一人通過，擠進去之後我又鑽了出來對提着一包二包菜、肉、魚的友人說：「有兩種，塑膠的八元，不鏽鋼的十八元」。

「不鏽鋼。」

接過找贖的錢幣後我向老闆娘說了句「好生意呀！」，老闆娘板起的臉終於露出笑容。「不鏽鋼好，襟用，貴買平用，一世都啱用。」誰不喜歡祝願呢？即便未必達成，終究還是期盼美好，能維繫多久就維繫多久的美好。就如此刻我們能同行，也許只有一段，心底還是期盼能在同道中平靜地，緩和地一步一步洗去不便說明的孤單，用耐心的陪伴湊成另一種圓滿。

帶出重點訊息：
對生活有所期盼，
有人陪伴同行是
最為重要的。

2 搜捕寫作靈感

同學寫作時，可能因為沒有靈感而不知該如何下筆，我們可以一起參考其他作家的作品，精彩的句子和段落都有助激發大家思考。

01 《十九遊街市：街市成景點的本地遊》

＋ 葉子騫（香港：萬里機構，2016 年）

街市給人們相當豐富的感官刺激，繽紛艷麗的鮮明色彩、濃烈清新交匯的複雜氣味、此起彼落的對話或叫賣呼聲……視聽味嗅觸五感各有強烈的風格，把這些統統描繪出來，畫面已經十分豐富、熱鬧。

〈黃大仙 / 雙鳳街街市＋牛池灣街市 / 私心回憶遊街市〉

🔖 「最後更想為這些大部分人望一眼就算的事情做多一點點事。」[1]「望一眼就算」幾個字，可能正正道出了現實的處境，常見的人、尋常的事，日復日不斷循環，無論美醜，我們很容易忽略了當中的細節，身處其中，卻又保持距離。認真回想，日常生活中被我們忽略了的有甚麼？

🔖 「這個街市將我對日常生活的好奇心變大，由八卦這個街市的一切發展到八卦附近的社區，然後開始對身邊習以為常的事情想要了解更多。」[2] 保持對世界的好奇心，配合敏銳的觀察和細緻的書寫，能夠令我們寫的文章有更豐富的生活氣息。

---

1 〈黃大仙 / 雙鳳街街市＋牛池灣街市 / 私心回憶遊街市〉，《十九遊街市：街市成景點的本地遊》，頁 169。

2 同上。

- 街市裏最吸引人的是甚麼？為我們帶來了哪些感官刺激？
- 街市裏的攤檔各有何特色？攤販、顧客形象、談吐、行為舉止如何？攤販、顧客之間有何互動？
- 上一次走進街市體會平民風景的時候，我們留意到的是甚麼？
- 室內菜市場和露天街市有何不同之處？

02 《春在綠蕪中》

＋ 鍾曉陽（香港：天地圖書，1990 年）

〈販夫風景〉

- 「流動雪糕車是淺鮮的綠，一汪一汪都是它耀眼的綠。遠遠便可聽到它清脆玲瓏的童話音樂，老是那幾句，反而老是聽不完。車子像那種上發條的玩具，發條上滿了，車子一邊行一邊撒碎碎的音符，像一個流浪小孩的歌唱，唱自己的生涯，傾訴它多麼歡喜的來，又多麼歡喜的走。」[3] 用不同的感官描繪所見之物，讓讀者跟隨作者的腳蹤、站在作者的角度細看、聆聽，如見其形，如聞其聲，如親歷其境。

- 「雪糕車一停，四面八方的小孩子都圍攏來，一人一杯冰淇淋高高興興地離去，而雪糕車是做完善事的賣藝人，慈藹萬分地瞧他們笑。太陽也陪着笑，一蹦一跳地熱絡，這下子冰淇淋一滴猛淌，小孩趕忙舔救，舌頭伸得長長的；一滴沿臂彎溜，又忙着舔臂彎，就這麼狼狽的舔去童年。」[4] 雪糕車出現，孩子笑、太陽笑，活潑忘形地吃冰淇淋的情狀、整個環境、氣氛都充滿熱鬧、歡樂的氣息。融情入景、觸景生情，都是寫作時常用到的手法。比起鍛煉技巧，首先更要培養一個習慣：細心發掘生活裏能夠體現情味之所在，情景之間關連緊密，更見濃厚情味。

---

3 〈販夫風景〉，《春在綠蕪中》，頁 97。
4 同上。

③ 創作意念及詞彙工具箱

找到寫作靈感後，便要為文章訂立清晰的切入點和主題，即為文章立意。以下列舉了不同難易度的創作意念，以及在「游老師文章分享」和「搜捕寫作靈感」出現過的實用詞語，同學寫文章時可按自己的程度和喜好參考、選用。平日閱讀的時候，也可以建立自己獨有的詞語庫呢！

創作意念 ❶ 難度★

回憶與愛 *	心靈的觸動 *	人情的可貴 *	對生活的觀察 *	對時間的珍惜
成長的轉變	與人相處	面對誘惑	面對或處理過失	面對考驗或困難

創作意念 ❷ 難度★★

情感的割捨	對物事的情意 *	抉擇與拉扯 *	面對或處理傷痛	面對疾病或死亡
青春回憶或氣息	自我反省與思考	面對恐懼	追逐理想	希望或意義

創作意念 ❸ 難度★★★

對生活的追求 *	對生活的質疑 *	留住生活節奏 *	關係的建立或消逝	相見的期盼
人性的展現	人生如戲	對社會不同階級的關注或回應 *	對生命的理解或學習	對生命的領悟

* 是作者在寫作此篇介紹的主題時曾選用的創作意念

實用詞語庫

有關外貌	有關行為	其他
奄奄一息 顫巍巍	臨崖勒馬 自尋煩惱 瑟縮一角	清澈見底 苟延殘息

 ④ 試試動筆寫

你想寫作時更得心應手嗎？那就要多寫多練習了！同學可參考下列寫作題目，結合生活中累積的寫作靈感，並參考「創作意念及詞彙工具箱」中的創作意念列表，嘗試創作自己的文章，大家可按個人喜好和強弱揀選寫作文體呢！

寫作題目

① 街市素描
② 叫賣
③ 街市與超級市場

寫作前想一想

① 這篇文章的最主要訊息是甚麼？
② 文中曾出現的人物形象如何？例如容貌、衣着、談吐、行為舉止等。

③ 可有善用不同手法描寫周遭環境或人物？例如感官描寫等。

④ 有哪些事情能抒發我的情感？

⑤ 我希望讀者看完這篇文章後有何思考、感受或啟發？

自我檢查

① 能夠完整表達出我構思的最重要訊息嗎？

② 文句通順嗎？

③ 詳略安排恰當嗎？

④ 有沒有錯別字？

⑤ 有沒有可以刪除或補充的地方？

⑤ 延伸閱讀

① 楊路得：《台灣味菜市場》（台灣：晨星出版，2018 年）

② doed 採編團隊著：《尋常‧台北｜傳統市場：逛菜市仔　看見生活中的美好》（台灣：台北市政府產業發展局，2018 年）

讀寫小錦囊（八）

練習慢慢來

　　相比起一時三刻要突然在腦海中找尋寫作題材，慢慢積累更容易令人脫離搜索枯腸的困局。如果真的很想克服寫作帶來的挑戰，解決因必須寫作而生的難題，堅持每天進行與寫作有關的練習會帶來意想不到的進步。

　　如果要求每天寫一篇文章或略嫌艱鉅，難度太高，若然只是練習每日記下一項令你有感覺的記錄，例如一個場景、一個念頭、一句佳句、一件物件、一個畫面、一個人 …… 可以嗎？如此一來，一星期已儲起七項與寫作相關的珍寶。屈指一算，日積月累之間，一年下來已有三百六十五項曾經令你感興趣的物事，這些都是別人無法硬生生加給你的。當你的個人創作資源庫日漸豐盛，到時要面對的困難可能不是找尋寫作題材，而是如何篩選你真正想寫的東西了。

公園 /
遊樂場

　　每次經過公園，能夠吸引我們視線的是甚麼？滑梯、鞦韆、蹺蹺板、過三關、氹氹轉、攀爬架、搖搖馬、單車機、各式各樣的植物、石桌子上的棋盤……？或是年紀小個子小，甚至學步中的幼兒？樂在其中的小學生？因互不相讓而爭執的小孩？圍繞在孩童身旁團團轉忙於看管、照顧的家長？安坐一旁任由孩子嬉戲如放羊的「低頭族」？還是健體公園內或行動緩慢或健步如飛的老友記？抑或嬰兒車上的新生命、輪椅中的鶴髮老人……仔細凝視，不但發現可以描寫的人和物非常多，也開始疑惑究竟如何區分公園和遊樂場？

　　說到底，其實公園和遊樂場的分別在於甚麼呢？也許我們觀察的角度、主觀的描述和詮釋，都起了非常關鍵的作用。公園裏、兒童遊樂場內，配備不同的設施，可供遊樂的、休憩的兼而有之，而在遊樂場內出現的人，彷彿都那麼相似，而且那麼親切，那麼似曾相識。

　　公園讓我們揮霍了許多童年時期無憂無慮的歡快時光，我們在那兒結識到陌生的玩伴，那些與熟悉的夥伴同遊同行，一同遊戲的回憶，都是可以發揮的寫作題材。如果有機會看看從前的遊樂場，對比現今普遍看見的遊樂設施，不難發現當中的轉變，包括人物、環境、物件……而這些轉變背後，蘊藏的也是一個又一個動人心弦的故事。

游老師文章分享

作者
悄悄話

除了人和遊樂設施，公園裏另一些吸引我駐足細看的，是裏面的植物。孩童天真愉快的嬉笑聲、花草樹木的開落盛衰、害蟲惱人的滋擾……公園彷彿一個為人提供歡樂的地方，同時又是一個容許人放慢腳步的空間，接納人靜靜地思考，無論喜怒哀樂，都能夠釋放情緒，片刻逃離現實的壓迫，暫時放下生活的擔子。

最後看見的義工

＋ 原載游欣妮：《一頁人生》（香港：突破出版社，2017 年）

陳先生每天都穿黑色的短袖襯衫、黑色長褲和黑色皮鞋。每天下班後都會到寧養院。一年三百六十五／六天，風雨不改。

寧養院裏的每一位，包括日夜輪流當值照顧病患的醫護人員、情緒複雜糾結的患者家屬、在病榻上倒數生命的病者……每一位，都是陳先生的朋友。

每次到寧養院，都要經過一段短短的上坡路。其實寧養院門外就有專線小巴停靠站，但陳先生偏愛提早一站下車，因為他想經過那個只

開門見山，記述陳先生的打扮、習慣以及與寧養院裏的人的關係，引起下文。

記陳先生習慣在指定時間到公園靜心看樹，細看樹的變化，在寧靜舒適的環境裏平靜心情。

有一張椅子，兩株樹的迷你公園。那兩棵樹長得高大，像卡通樹 —— 兒童畫冊上那些枝葉分明的卡通樹。每天黃昏，陳先生都會走進小公園，靜靜坐在椅子上花幾分鐘看樹。

夏天時，看長得茂盛的、翠綠的葉子和招展燦爛的鮮花；秋天，看從青葱漸變枯黃，乾燥的半枯葉、凋萎的花；冬天到了，看光禿禿的、爬滿裂紋的枝椏；春天一到，片片嫩綠細葉伸展，花苞微微張開，露出清新的小花蕾。一年四季，花開花落，各具姿態。

前幾天，陳先生發現卡通樹又開花了，小小的花苞是白色的，樹太高，距離太遠，瓣上的細節都很模糊，只是遠遠地望過去，仍是一幀很柔和的風景，平靜得好看。寒冬徹底過去了，小公園的草叢也如平常一樣，到了開出紫紅色小花的時候，滿滿的一片，爭取在下一次寒冬來臨前，展示最美好的顏色。

陳先生深知道，自己是病榻上快快的病人最後看見的義工，而且許多時候，他甚至是病者親屬以外，唯一能陪伴他們的朋友。但是，他從不向病友和他們的家人說鼓勵的話。那些甚麼「加油！」、「用意志支持！」、「要相信自己一定會康復！」、「一定會好起來的！」、「希望在明天！」……諸如此類的話，他半句都不會說。在靜候死亡臨到的病患面前說這種話，其實是無比殘忍的。在座沒有人不知道病者已走到生命最後的階段，奇蹟也不可能出現，何苦還要以不必要的、虛假的希望自欺欺人？也許人們都天真地以為正

陳先生是寧養院裏的義工，每天都要面對隨時有病人離世。對比正面、積極的態度，他選擇用平靜的方法面對，靜靜陪伴病人，呼應前文有關陳先生的裝扮和習慣的部分。

面的態度、積極的鼓勵才能令病人有更堅強的精神意志，才能使病人在生命最後的道路上都能抱住希望的翅翼準備飛往他方⋯⋯ 然而這不過是最美麗的誤會，最友善的，卻也是最巨大的、最脆弱的謊言。其實說到底，到了如此時刻還要勉強去安慰，強行給予不必要的幻想，是極其不近人情的。

陳先生也不跟病友講道理。反而，有些病友間中精神稍好時，喜歡跟他講道理。人之將死，其言也善。或許是懺悔、或許是回顧人生、或許是勸戒，無獨有偶，他們講的道理都很相似。偶爾也會有愛發牢騷的，不過到最後一切牢騷都只會越來越少。沒有人會不明白，活到最後，任何境遇都只得接受。不論是甚麼話，陳先生只會耐心地聽，絕少給予意見。未必每位病友都像有許多未說的話，有些病友，只會靜靜地閉目，讓陳先生為他們按摩手掌。

起初來這裏做義工，陳先生是很不習慣的。尤其坐在病床邊，他會覺得自己的身份很尷尬。想盡量表現得熟絡點，偏偏在這種地方不容易跟人打開話匣子。向病人家屬探問病情似乎最正常，但談這話題是殘酷的，也是非常冒險的，像逼使人重溫、咀嚼自己的傷口；不作任何溝通，貿然走到病榻旁卻會使人受驚，結果花了好幾星期，陳先生才摸索到在這兒與人溝通的合宜方法。

陳先生會為每位病人按摩手掌。他覺得這是較禮貌的距離，但也可帶來較親切的接

記述陳先生初到寧養院做義工，面對隨時離世的病人和他們的家人的不適應，以及漸漸摸索出溝通方法的過程。

觸。昨天為鄒伯按摩手掌的時候，甫提起他乾枯瘦弱的手，就發現鄒伯已安詳地離開了，手掌僵硬而冰冷。他的妻子呆呆地站在一旁，握着丈夫的另一隻手，痴痴地看得出神，眼睛像這幾天鄒伯咳嗽時吐出的混濁濃痰一樣，偏黃，混雜疲弱的血絲。

鄒伯從醫院轉來寧養院靜養，前後不到五天。陳先生想起自己願意風雨不改每天前來，全因為他發現原來隔三數天不來，病人可能已經換了一批。他珍惜這些短暫的、淺淺的緣份，既然決定陪伴他們走完人生最後幾步，就要陪伴到底。

「鄒老太、鄒小姐，如果需要幫忙處理鄒伯的身後事，可以找我。」鄒小姐趕到寧養院，看到鄒老太即淚如雨下，嚶嚶啜泣，而鄒老太始終呆若木雞。

前些年，公園的小花圃裏栽種了好些太陽花，各種繽紛的顏色鋪滿花叢，卻未予人擁擠之感。陳先生就是從那年開始恆常到訪寧養院，並習慣先走進小公園坐坐，花幾分鐘看樹。過了一段時間，太陽花漸漸枯萎，隔年就再沒有看見太陽花，每到花季，都只剩一些紫紅色小花盛開。兩株卡通樹孕育許多生命，也帶走許多生命，花與葉隨季節開開落落。

陳先生從未忘記，從第一次在小巴上看到公園裏有太陽花，決定每日到寧養院和到寧養院前必然在小公園停駐的原因。

記述陳先生到寧養院做義工的經歷和在小公園看繁花開落，因而對生命有所領悟。

未有直接道出陳先生每日到寧養院和小公園的原因，為讀者留下想像空間。

2 搜捕寫作靈感

同學寫作時，可能因為沒有靈感而不知該如何下筆，我們可以一起參考其他作家的作品，精彩的句子和段落都有助激發大家思考。

01 《給油麻地的情書》

十 慧惠（香港：三聯書店，2018 年）

〈鬧市中的士肺：京士柏〉

🏷 「二○一七年一月二日（公眾假期） 晴　油麻地配水庫休憩花園

早上，有一位退休中醫師在花園的涼亭下為街坊問診。近年有神秘的街坊為這裏增添了幾個呼拉圈。」因為不同街坊的付出，公園成為「流動診所」，也有「運動設備」，讓街坊鍛煉身體。願意為一個地方無私奉獻，若非有感情，又會是甚麼原因？

🏷 經過公園時，能夠吸引我們視線的是甚麼？

🏷 「二○一七年二至三月　京士柏遊樂場

我在京士柏最喜歡的一棵樹：黃槿。其樹幹粗獷，樹枝縱橫交錯，像是一位心思細密的可靠紳士。每次上山都會跟它問候一下，或是在樹下伸展筋骨。如果天氣晴朗，大約下午四時的陽光會映到它身上，突顯它的層次感。」樹木佇立原地，風雨不改見證人來人往，四時更迭，時代變遷，一切變化，都在它眼裏默默發生。如果以大樹的角度寫一篇文章，置身其中，環看四周，它留意的會是甚麼？

🚩 試幻想一下，在公園結識陌生的玩伴、與熟悉的夥伴一同遊戲的片段是怎樣的？

🚩 對比現今普遍看見的遊樂設施和從前的遊樂場，有甚麼分別？公園和遊樂場有何分別？

🚩 接觸大自然給我們帶來甚麼感受？

🚩 看見花草樹木的開落枯榮，我們會聯想到甚麼？

02 《天橋上看風景》

＋ 呂永佳（香港：文化工房，2015 年）

〈當公園也明白憂傷〉

🚩 「香港的公園慢慢變成老人家的聚集地。小時候走過的公園，都是滑梯和鞦韆，現在不少都改建成復健設施。有時候路過，看到很多老人家都在公園裏，無聊地坐着，彷彿在等待著時間蒸發。年輕一輩出外上班，老人家都不敢說甚麼？生活迫人，孝順的人為着餬口，迫不得已把年老的父母待在家裏，父母明白事理，把思念和牢騷都壓在心底。」[1] 公園容納了兒童和老人，盛載他們的歡樂，也包容他們的孤單，橫跨兩代、三代人之間，可有重疊的感情？

---

1 〈當公園也明白憂傷〉，《天橋上看風景》，頁 40-41。

創作意念及詞彙工具箱

找到寫作靈感後,便要為文章訂立清晰的切入點和主題,即為文章立意。以下列舉了不同難易度的創作意念,以及在「游老師文章分享」和「搜捕寫作靈感」出現過的實用詞語,同學寫文章時可按自己的程度和喜好參考、選用。平日閱讀的時候,也可以建立自己獨有的詞語庫呢!

創作意念 ❶ 難度★

回憶與愛 *	心靈的觸動	人情的可貴	對生活的觀察 *	對時間的珍惜 *
成長的轉變 *	與人相處 *	面對誘惑	面對或處理過失	面對考驗或困難

創作意念 ❷ 難度★★

情感的割捨	對物事的情意 *	抉擇與拉扯	面對或處理傷痛	面對疾病或死亡
青春回憶或氣息 *	自我反省與思考	面對恐懼	追逐理想	希望或意義

創作意念 ❸　難度 ★★★

對生活的追求	對生活的質疑	留住生活節奏	關係的建立或消逝	相見的期盼 *
人性的展現 *	人生如戲	對社會不同階級的關注或回應 *	對生命的理解或學習	對生命的領悟

*是作者在寫作此篇介紹的主題時曾選用的創作意念

實用詞語庫

有關外貌	有關行為	其他
快快的 呆若木雞	滋擾 自欺欺人 發牢騷	病榻 不近人情 合宜

④ 試試動筆寫

寫作題目

❶ 消失的公園

❷ ＿＿＿＿＿＿＿的大樹

❸ 我的遊樂場

寫作前想一想

① 這篇文章的最主要訊息是甚麼？

② 文中描寫了哪些地方、物件或人物？

③ 可有善用不同手法描寫周遭環境、物件或人物？例如感官描寫、動態描寫、靜態描寫等。

④ 有哪些細節能抒發情感？

⑤ 我希望讀者看完這篇文章後有何思考、感受或啟發？

自我檢查

① 能夠完整表達出我構思的最重要訊息嗎？

② 文句通順嗎？

③ 詳略安排恰當嗎？

④ 有沒有錯別字？

⑤ 有沒有可以刪除或補充的地方？

 ⑤ 延伸閱讀

① 梁廣福：《再會・遊樂場（增訂版）》（香港：中華書局，2015 年）

② 陳又凌：《台灣最美的地方：國家公園地圖》（台灣：聯經出版，2019 年）

③ 凱西・威利斯（Kathy Willis）著，周沛郁譯，凱蒂・史考特（Katie Scott）繪：《植物博物館【台灣獨家封面版】》（台灣：大家出版，2020 年）

商店 / 超級市場

超級市場、商場都是個為人們帶來很多方便的，相當親民的地方，只要在裏面走一圈，不難發現無論是應付起居飲食或照顧個人衛生等日常生活所需物品，均一應俱全。

要是到大型一點的超級市場逛逛，我們更可以在裏面搜羅來自世界各地的產品。有別於菜市場的是，超級市場環境較衞生、較整齊清潔。單單這一點，已經很容易吸引到客人。也因為它有那麼一點像百貨公司的特質，以致有時甚至沒有甚麼要買，也會走進超級市場閒逛，看看貨架上琳瑯滿目的貨品消磨時間。

貨架上排列整齊的物件分門別類逐一擺放好，那種井井有條的整齊潔淨令人不其然有一種滿足感，彷彿所有事物都處理得妥妥當當，一切都安排得妥貼穩當。而且超級市場內的貨品，大多標明價錢，明碼實價，對於不喜歡向店主詢問價錢的人，這簡直是天大福音，既可以避免因店員熱情招待而生的尷尬或無法拒絕，也可按照自己的心意，毫無壓力地放心選購需要的物品。

至於商店，出售的貨品沒有超級市場內的那麼豐富，但林立街道上、並列於商場內的店舖，同樣在井然有序中各顯特色，時刻展示容許人們貨比三家的寬宏氣度，也隱藏着待人發掘的罕有珍寶。

游老師文章分享

作者
悄悄話

我從小就喜歡超級市場，偏愛裏面有琳瑯滿目的合我心意和口味的零食，喜愛裏面那清涼滑溜的地板，享受和爸爸媽媽一起逛超級市場的愉快時光……我也愛零食店和雜貨店的親切，那些美好活潑的時光點亮了從童年時開始在心內建立的明亮的，充滿歡笑和滿足的情感板塊，以至於現時即使越來越少吃零食，我仍習慣偶爾就要到超級市場、零食店選購心頭好，與家人，也與學生分享。

超級市場

＋ 原載游欣妮：《摵時前傳——游樂園》（香港：突破出版社，2016 年）

我家雖不算富裕，但小時候總是零食玩物都不缺的。比上不足，比下綽綽有餘。

媽媽經常帶我們到超級市場、雜貨店買零食和家庭用品，要不帶我們到公園玩。屋邨裏大大小小的公園，甚至鄰近幾個屋苑的公園，媽媽都帶我們走遍了。我們知道哪兒的滑梯最好溜，哪兒有罕見的翹翹板。夏天的時候，我們愛

簡述童年時常隨媽媽到不同地方遊玩的快樂時光，生活無憂，為文章建立基調。

到超級市場，因為那兒有空調，很涼快。家裏的空調，多半在吃晚飯時才會用，白天有自然風，加上電風扇吹一吹，已經很通爽舒適了。而且，我們都有鼻敏感，一整天開空調是要叫我們吃不消的。

超級市場裏的涼快跟平常的不一樣，因為我們不會在裏面逗留過久，不至於太冷。而且開空調後超市的地板會格外滑溜，我們可以在上面滑來滑去，像溜冰一樣。以前的超市，貨架之間的廊道是很寬敞的，兩、三個小孩同時滑翔都沒難度，不似現在的超市，在貨架和疊起的紙皮箱之間要轉身也不容易。家裏的地板是不易有這種異常滑溜的情況出現的，除非有水，否則難以滑行。只是有水的時候，我們往往不是滑行，是摔倒。

爸爸下班後，常帶我們到超級市場選購零食。除了添置一些放在食物櫃裏的零食外，我們三姐妹還可挑選自己心愛的零食。其實我們各自選的心水零食到最後還是會三人一起分享的，跟存放在食物櫃裏的零食沒有分別，都是公家享用平均分配，但不知為甚麼要在購買零食的時候這樣區分。

有時我們會買一些看起來很新奇的零食，既滿足口腹，也滿足好奇心，不過這是很冒險的行為，因為要是買到不合胃口的零嘴，也得硬着頭皮啃掉。要是問責起來，獨

描寫在超級市場玩耍的經歷，突出今昔之變。

敘述隨爸爸到超級市場選購零食，突顯爸爸對女兒的寵愛。

力把胃口不對的「美點」吃光光，也不是叫人享受的事呢。

有一次，我們冒險在超市買回乳酪。那時還沒嚐過乳酪的滋味，爸爸已一口氣給我們三姐妹買了六杯不同口味的乳酪。爸爸老是這樣子，永遠怕我們吃不飽。冰凍的甜點，無論如何也不可能難吃吧，我們便只管在冰櫃裏挑選較感興趣的口味。那次，除乳酪和其他公用零食外，我們還每人買了一件自選零食。

原來乳酪是如此難以下嚥的！乳酪的「狀態」是黏稠的，糊狀的，簡直是似溶化卻又溶化不了的冰淇淋，對我們來說很噁心。真叫我們吃不消。三人要吃光六大杯乳酪，真是一件苦差。為了解決這堆叫我們大傷腦筋的乳酪，我們想出了許多不同的吃法，浸餅乾、沾水果、把它放到冰箱裏試着雪成冰來吃……好不容易才消滅了全部乳酪，以後都不敢再買了。到長大了，我們才敢再冒險買乳酪來試試，竟發現其實乳酪挺好吃。怎麼從前就不愛吃？是我們的口味變了，還是乳酪經過一番改良？

2 搜捕寫作靈感

同學寫作時，可能因為沒有靈感而不知該如何下筆，我們可以一起參考其他作家的作品，精彩的句子和段落都有助激發大家思考。

01 《香港遺美：香港老店記錄》

＋ 林曉敏（香港：非凡出版，2021 年）

　　老店留下的，無論是傳統文化、工藝手藝、經營之道、拚搏生涯或是家族承傳故事等，都飽含珍貴的歷史意義，走訪每一間店舖，就像翻開一本書，靜待人們細閱未完的故事。

〈半斤八兩　物輕秤重〉

🏴 「父親十二三歲上廣州拜師學藝，琢磨多年，當打雜跑腿，跟頭跟尾，第四年始正式學師做秤。學成歸來後，十七歲就在一間藥材舖的外牆自立門戶，店名『利和』寓意『利人利己，取得和諧』之道。何老太十三歲就學習製作小秤，與父親學師的年齡相近，在黃老先生在七十年代過身後，女承父業，堅守着伴隨她成長的檔口，一業守命，如今已是大半生。」[1] 女承父業，繼承的除了一門手藝、一門生意，更重要的是一點血脈相連的承傳。

🏴 老店傳留的意義和價值，在哪些地方、哪些細節得以體現？

🏴 網上購物越見流行，使購物模式和生活有何變化？

🏴 「昔日朝行晚拆的木板舖，現已搖身成鐵閘舖。三呎乘六呎的舖面，僅有小小立足之地，日曬雨淋，弱不禁風雨，但雨粉飄飄的日

---

1 〈半斤八兩　物輕秤重〉，《香港遺美：香港老店記錄》，頁 165、167。

子仍然開舖，飽歷風霜。幸好不佔舖位的牆位牌照，只須交牌費，不用交租，令小舖免受加租之苦，繩頭微利下猶能繼續經營。」[2] 小店承受壓力，例如各種技術進步後漸漸被淘汰，不得不踏上式微的道路、寸金尺土租金飆升，還有學師文化和風氣越見薄弱，手藝難以傳承，除了看着他們逐步淡出生活，我們可以做的，還有甚麼？

02 《花木欄》

＋ 西西（台灣：洪範書店，1990 年）

〈店舖〉

🚩 「我們說，如果閉上眼睛，也能夠分辨店舖的性質。整條街的氣味幾乎是混合在一起的，但走到適當的距離時，就可以辨別出那一間店是那一類了。臘鴨店是油油的。南北杏、甜百合是香草味的。檀香反而像藥。麵粉有水餃的氣味。酒、紫菜、地拖、書本、肥皂，都有自己特別的氣味。甚至玻璃，也好像使我們想起海灘。」[3] 讀〈店舖〉一文，會有非常豐富的感官刺激，雖然只讀文字，卻也盡享視聽之娛，畫面活靈活現，視覺、聽覺、味覺、嗅覺、觸覺，無一或缺。

🚩 「當大街上林立着百貨公司和超級市場，我們會從巨大玻璃的反映中看見一些古老而有趣、充滿民族色彩的店舖在逐漸消隱。那麼多的店：涼茶舖、雜貨店、理髮店、茶樓、舊書攤、棺材店、彈棉花的繡莊、切麵條的小食館、豆漿舖子，每一間店都是一個故事。」[4] 在時代的洪流裏，許多充滿傳統色彩的東西漸漸褪色、消退、甚至磨蝕……如果為每一間店舖寫一個故事，那些，又會是

---

2 同上，頁 167。
3 〈店舖〉，《花木欄》，頁 48。
4 同上，頁 49。

怎樣的故事？

📌 超級市場裏最吸引人的是甚麼？超級市場和街市、商場、商店有何分別？各有哪些特色？顧客有甚麼活動？

③ 創作意念及詞彙工具箱

找到寫作靈感後，便要為文章訂立清晰的切入點和主題，即為文章立意。以下列舉了不同難易度的創作意念，以及在「游老師文章分享」和「搜捕寫作靈感」出現過的實用詞語，同學寫文章時可按自己的程度和喜好參考、選用。平日閱讀的時候，也可以建立自己獨有的詞語庫呢！

創作意念 ❶　難度★

回憶與愛 *	心靈的觸動	人情的可貴	對生活的觀察 *	對時間的珍惜
成長的轉變	與人相處	面對誘惑 *	面對或處理過失	面對考驗或困難

創作意念 ❷　難度★★

情感的割捨 *	對物事的情意 *	抉擇與拉扯 *	面對或處理傷痛	面對疾病或死亡
青春回憶或氣息	自我反省與思考	面對恐懼	追逐理想	希望或意義

創作意念 ❸　難度★★★

對生活的 追求 *	對生活的 質疑	留住 生活節奏 *	關係的建立 或消逝	相見的期盼
人性的 展現 *	人生如戲	對社會不同 階級的關注 或回應 *	對生命的 理解或學習	對生命的 領悟

* 是作者在寫作此篇介紹的主題時曾選用的創作意念

實用詞語庫

其他
琳瑯滿目 綽綽有餘 黏稠

④ 試試動筆寫

你想寫作時更得心應手嗎？那就要多寫多練習了！同學可參考下列寫作題目，結合生活中累積的寫作靈感，並參考「創作意念及詞彙工具箱」中的創作意念列表，嘗試創作自己的文章，大家可按個人喜好和強弱揀選寫作文體呢！

寫作題目

1 早安！超級市場
2 售貨員的一天
3 收銀機壞了！

寫作前想一想

1 這篇文章的最主要訊息是甚麼？
2 文中描繪的是個怎樣的地方，有何獨特之處？
3 有哪些事情能突出文中所寫的地方和人物的形象？
4 我抒發了怎樣的情感？
5 我希望讀者看完這篇文章後有何思考、感受或啟發？

自我檢查

1 能夠完整表達出我構思的最重要訊息嗎？
2 文句通順嗎？
3 詳略安排恰當嗎？
4 有沒有錯別字？
5 有沒有可以刪除或補充的地方？

5 延伸閱讀

1 胡燕青：《彩店》（香港：匯智出版，2001 年）
2 王善卿編：《從超市向世界出發：超市裏的歷史田野》（台灣：意念文創，2018 年）
3 青野裕幸、桑嶋幹合著，常磐綠譯：《逛超級市場學生物》（台灣：世茂出版，2008 年）
4 工藤紀子繪著，周佩穎譯：《小雞逛超市（二版）》（台灣：小魯文化，2016 年）

讀寫小錦囊（九）

帶着問題來閱讀

閱讀的時候，我總愛不厭其煩地提醒自己帶着問題閱讀。這些問題分了四個方向：

（一）

作品的主題是甚麼？

作品帶出了甚麼訊息？

哪些線索或細節反映出作品的主題或訊息？

（二）

我有沒有讀過主題相近的文章？

我有沒有讀過情節相似的文章？

如果有，哪個更好看？為甚麼？

（三）

整個作品中，哪個部分令我最有感覺？

整個作品中，哪個部分最好看？

整個作品中，哪個部分最不好看？

整個作品中，哪個部分我不明白？

整個作品中，哪個部分啟發我思考？

整個作品中，哪個部分我最想學習？

（四）

我曾寫過類似的故事嗎？

如果我寫這一個主題，會怎樣寫？

我可以怎樣推介這個作品給其他人看？

有沒有辦法可以令這個作品變得更好看？

　　不用讀每一個作品的時候都思考以上全部問題，但最少要選擇其中一個來細心、認真想，久而久之，就會建立了一邊閱讀一邊思考，或者閱讀後因應讀物加以思考的習慣。這些問題，不但有助於理解、欣賞、分析作品，更幫助我們發掘寫作題材、構思情節、組織內容結構，**養成了習慣其實正是持久的思維鍛煉，潛移默化之下鞏固了讀寫結合思考的習慣**，到真正提筆寫作時，腦袋已曉得自行運轉，搜索、整合平日的讀寫經驗，寫作題材自然信手拈來。

郵局

你上一次寄出親筆手寫信件是甚麼時候呢？收信人是誰？在書信，甚至連電郵也逐漸變得不流行的年代，要回答這個問題恐怕不簡單。

若思索有關執筆寫信的記憶甚具挑戰，要回想最近一次見到郵箱或走訪郵局的經歷，會更容易抑或百上加斤？

郵局提供的服務早已不限於收發包裹、信件、集郵精品等，相比郵局的功能、郵遞服務的涵蓋面，能觸動人細心思考、領受的，還有信件的意義，寫一封信的意義、期待收到一封信的意義，選擇用信件這種較傳統的方式傳遞心聲的意義。

1 游老師文章分享

作者悄悄話

我喜歡郵件，不論是信件、卡片或是明信片，當收到別人親手執筆書寫的郵件時，我們得到的除了手中那實在的郵件外，還有濃厚的，別具份量的情意，如記掛，如思念。

我的地址

十 原載游欣妮：《紅豆湯圓》（香港：匯智出版，2013 年）

我的地址

在郵差的背包裏流浪

我沒有外遊的時間　和勇氣

放下生活放下工作放下半熟悉的城市出走

拿起一箱子的憂慮膽怯外遊

然後發現

我為旅行下的定義不過是

離開工作和生活的地區

一程渡輪已算盛大的越洋

你們帶着我的地址出遊

異地的郵箱多添了一張安靜的明信片

我固執地將此當作思念

思念總是那樣迂迴像

選擇與郵寄、投遞相關的事物如郵差的背包、郵箱、明信片、信箱、地址加以書寫，結合生活經歷，抒發情感。

沾濕過的明信片讓我觸摸到布達佩斯的雨天
沒有一起吃出現在各旅遊書上的麵條卻
分享過醬油留下的痕跡
從瑞典來的火漆印章牽引我
走進世界地圖
指頭繞圈摸索每雙腿游移的路線
我的地址在你們的心裏輾轉
在郵筒與信箱之間流浪
凹凹凸凸的筆跡長出長長的手臂
我被帶進世界裏
有你們的身影轉圈的角落

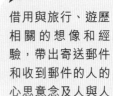

借用與旅行、遊歷相關的想像和經驗，帶出寄送郵件和收到郵件的人的心思意念及人與人之間的關係。

2 搜捕寫作靈感

同學寫作時，可能因為沒有靈感而不知該如何下筆，我們可以一起參考其他作家的作品，精彩的句子和段落都有助激發大家思考。

01 《轉角就郵愛：從特色郵局出發 找回書信傳情的美好年代》

＋ 江瑞庭、李盈螢、翁瑞祐、黃沛云、陳亞辰、旒峰、愚沐、謝欣珈合著
（台灣：天下文化出版，2019 年）

《轉角就郵愛：從特色郵局出發　找回書信傳情的美好年代》中，每一間特色郵局都引起讀者的好奇，亦為郵局與人、地方的連結驚歎。除了郵局，郵筒、郵票、集郵活動⋯⋯微小的細節都別具意義。

〈郵局，住在你我的青春裏〉

📌 「……以郵局為出發點探索城鎮，感受在時間的淬鍊、歷史的演繹下，城鎮所展現出台灣道地人文風情的底蘊。」[1] 每一間郵局都傳遞、珍藏着故事，而郵局本身也有屬於自己的故事。

📌 「透過旅行、書寫、等待、閱讀，或許更能讓我們靜下心來，遠離平日生活上的紛擾，真實體會生命與環境的美好，並且發現：原來好鄰居 ── 郵局，不但在你我的青春中留下印記，更與我們的故鄉攜手度過無數個寒暑，與人們相遇無數次，寫下無數個感人的故事，正等待着人們去探索、去挖掘。」[2] 附近的郵局可有特別之處？內裏的裝潢陳設是怎樣的？郵局內的人有何活動，有何互動？

〈時代在變，送信傳情心意不變〉

📌 「傳遞訊息是人類與生俱來的需求。從寫信、寄信、送信，到對方收到信件，這一連串過程看似單純，其實卻蘊含着各種情感與心意，而送信的人，不知不覺地從旁觀者，變成故事中的一角，更是牽動着雙方，不可或缺的重要角色。」[3] 在傳情達意的美事中擔當「牽動」的重要角色何其重要！嘗試發揮天馬行空的想像力，代入郵差的身份，談工作訴心聲，甚至想像自己是信件，分享「自己」從寫信人的手漫遊到收信人手上的光影旅程。

📌 我喜歡收到郵件嗎？為甚麼？

02 《高山上的小郵局：獻給書信和手寫年代的溫暖情詩，2019年最治癒人心的高暖度小說》

＋ 安荷樂絲・杜良特（Ángeles Doñate）著，葉淑吟譯（台灣：悦知文化出版社，2019年）

---

1 〈郵局，住在你我的青春裏〉，《轉角就郵愛：從特色郵局出發　找回書信傳情的美好年代》，頁7。
2 同上。
3 〈時代在變，送信傳情心意不變〉，同上，頁16。

　　《高山上的小郵局》一書提出了一個相當重要的問題：「如果已經沒人想寫信，這世界還需要郵差嗎？」

〈希帕提亞〉

📌　「這場遊戲的規則是：接力寫匿名信，保住我們的郵差莎拉的工作，和我們有百年歷史的郵局。莎拉並不知道這個遊戲，妳不能跟她說。我們一定要寫信，讓她的上司知道這邊的居民喜歡寫信和收信，他們就不會將她調去首都。沒有人問我想不想參加，而我也不會問你。」[4] 大家接力寫信，默默用行動證明了捨不得失去郵差、捨不得失去郵局。這也是一門因將要失去，於是時間催促我們面對、想辦法解決問題的人生功課。更重要是大家在這場希望能夠幫助單親媽媽莎拉的遊戲中，透過寫信也安撫了自己、感動了他人。

📌　郵差的工作是怎樣的呢？可有鮮為人知的趣事、難題或辛酸？

〈莎拉〉

📌　「我知道，首先我該介紹自己。但抱歉，我不能這麼做。妳可以把我當成妳很久沒見面的一個老朋友。拜託，請讀完這封信，就當我們是多年朋友，一起長大的朋友。請閉上眼睛幾秒，把我想像成一位妳所愛的人，讓我寫的字句能陪伴和鼓勵妳。」[5] 更重要的是，因為捨不得失去人與人之間溫暖濃厚的人情，捨不得失去與心靈真情傾訴、與自己對話的機會，願意執筆將真摯的感情越傳越遠，觸及更多人的心靈。

📌　如果現在要寫一封信，你會選擇寫給誰，和他／她說甚麼？你希望他／她收到這封信嗎？

---

4 〈希帕提亞〉，《高山上的小郵局：獻給書信和手寫年代的溫暖情詩，2019 年最治癒人心的高暖度小說》，頁 137-138。

5 〈莎拉〉，同上，頁 244。

- 如果要寫一封信給過去的自己，你會寫甚麼？
- 如果你是一封信，你希望傳遞甚麼訊息，流露哪種感情？感激之情？悔疚？懷念？懺悔？……
- 不是所有信件都有收件人，想一想，如果沒有收件人，我們還寫信嗎？

③ 創作意念及詞彙工具箱

找到寫作靈感後，便要為文章訂立清晰的切入點和主題，即為文章立意。以下列舉了不同難易度的創作意念，以及在「游老師文章分享」和「搜捕寫作靈感」出現過的實用詞語，同學寫文章時可按自己的程度和喜好參考、選用。平日閱讀的時候，也可以建立自己獨有的詞語庫呢！

創作意念 ❶　難度★

回憶與愛 *	心靈的觸動 *	人情的可貴 *	對生活的觀察	對時間的珍惜
成長的轉變	與人相處	面對誘惑	面對或處理過失	面對考驗或困難

創作意念 ❷　難度★★

情感的割捨	對物事的情意 *	抉擇與拉扯	面對或處理傷痛 *	面對疾病或死亡
青春回憶或氣息	自我反省與思考	面對恐懼	追逐理想	希望或意義 *

創作意念 ❸　難度★★★

對生活的追求	對生活的質疑	留住生活節奏	關係的建立或消逝 *	相見的期盼 *
人性的展現 *	人生如戲	對社會不同階級的關注或回應	對生命的理解或學習	對生命的領悟 *

* 是作者在寫作此篇介紹的主題時曾選用的創作意念

實用詞語庫

有關性格	其他
膽怯	越洋 迂迴 輾轉 天馬行空

④ 試試動筆寫

你想寫作時更得心應手嗎？那就要多寫多練習了！同學可參考下列寫作題目，結合生活中累積的寫作靈感，並參考「創作意念及詞彙工具箱」中的創作意念列表，嘗試創作自己的文章，大家可按個人喜好和強弱揀選寫作文體呢！

寫作題目

① 我最熟悉的＿＿＿＿＿＿（社區設施，如郵局、便利店、巴士站等）

② 郵差罷工了！

③ 一封信的旅遊見聞

寫作前想一想

① 這篇文章的最主要訊息是甚麼？

② 細心觀察周遭的社區設施，這些地方有何特別之處？

③ 郵差的形象如何？例如容貌、衣着、談吐、行為舉止等。

④ 與郵件相關的物品如郵票、郵戳、郵筒等有何特色？

⑤ 我希望讀者看完這篇文章後有何思考、感受或啟發？

自我檢查

① 能夠完整表達出我構思的最重要訊息嗎？

② 文句通順嗎？

③ 詳略安排恰當嗎？

④ 有沒有錯別字？

⑤ 有沒有可以刪除或補充的地方？

5 延伸閱讀

① 久保田沙耶著，楊明綺譯：《漂流郵局：一個收留遺落的思念與回憶的不思議郵局》（台灣：馬可孛羅文化，2016 年）

② 加藤晶子繪著，蘇懿禎譯：《信小弟的大冒險》（台灣：台灣東方出版社，2019 年）

公共屋邨

　　公共屋邨是很多人成長的地方，和不少同學一樣，我也是在公共屋邨長大的。小時候，每天放學回家吃過午飯，做完功課之後，便是愉快的耍樂時間。有時我們會到附近的公園玩耍，不論是自己居住的屋邨內的公園，或是相鄰的屋邨的公園，設計了「遊園路線」之後，便開始一番寫意的暢遊。到得遊遍各大公園，玩透種種遊樂設施，幾乎讓我們筋疲力盡。

　　此外，很多時候我們又會駕駛着自己的私家自行車在屋邨裏到處穿梭遊走，頑皮的時刻，更會到水池旁邊的寬闊梯級衝樓梯呢！籃球場、足球場、露天劇場……隨處可見孩童玩樂的身影，當然還會看到陪伴在旁的家長們喋喋不休「交換情報」。

　　我們也可以到走廊呼朋引伴，拉開鐵閘的聲音陸續響起，年紀相若的鄰居魚貫湧出，人人活蹦亂跳，玩個不亦樂乎。種種集體遊戲，例如大風吹、狐狸先生幾多點、紅綠燈、「痴牆」……不必準備道具材料，只要有玩伴，不愁沒有遊戲可玩。做功課、溫習以外，玩樂消耗了我們大量的體力，揮霍了我們一去不返的童年時光，也讓我們留下許多美好的回憶，在生命裏刻下許多珍貴的歲月痕跡。

游老師文章分享

作者悄悄話

中秋節是其中一個我喜歡的節日，無論是色彩鮮明亮麗的花燈，還是人來人往燈火通明的綵燈會；無論是眼目的吸引，或是味蕾的滿足，從兒時到現在，與家人、好友、學生同度佳節時的歡快暢聚總帶給我許多深刻的、難忘的愉快記憶，熱鬧喧嘩之外，我渴望能用文字保留、延續這份團聚的歡樂。

中秋美點

＋ 原載游欣妮：《摵時的餐桌》（香港：突破出版社，2016 年）

從小到大吃楊梅都專門挑血紅色的，有的更呈深紅甚至瘀紅色。遠足時片片殷紅在枝葉斑駁的樹椏之間誘人眼目，無法抗拒地覺得色澤鮮明的最吸引。可是放進嘴裏細味之，便曉得色調沉啞的果子才有濃郁甜味繚繞不散。耀眼奪目的鮮紅果實，多半虛有其表。如果舌頭上有傷口，冷不防好些酸味直教你眉毛糾結，禁不住打寒顫，頭皮發麻，長一身雞皮疙瘩。光鮮的包裝原是虛無。

小時候期待中秋節，並不因為月餅和各

透過介紹秋季時令果品，引起主題。

式應節食品。雖然有些佳節食品的確叫人好奇，如須費一番功夫與力氣才能把它破開的黑黝黝的彎彎菱角。硬殼下一層紫灰色的薄膜，因為經歷一番咬牙切齒的勞損，果脯總被弄得破落零碎，也許會有一、兩塊看起來較完整的，若強行將之拼湊還原，黏合性弱的質地仍讓裂紋格外醒目，任你如何搬弄還是騙不了人。怎能理解這種四分五裂的局面，竟能與中秋的團圓主題相呼應，在應節食品欄目爭得一席位。

教眾多小孩望穿秋水的是飯後的餘興節目。童年時過節飯桌上的佳餚再多再美味、再精巧新鮮百變都好，當時完全不被我們放在眼內，一頓晚飯吃得又快又急，草草了事。家常小菜也好，珍饈百味也罷，飯菜未及嚼爛已匆匆骨碌碌的推到肚子裏。

硬地足球場變成臨時搭建的舞台，不知名的歌手在台上起勁地演唱喜慶歌曲。有那麼三兩年，我熱切地期待這個晚會。當年，學校的美勞習作要我們用竹篾紮作花燈支架，接駁的位置要用玉扣紙包紮。那時老師給我們一張長方形觸感粗糙的玉扣紙，教大家把它裁成小段用以接合竹篾，沒有誰不疑惑軟軟的紙可有能耐把花燈支架紮得牢固？配給的玉扣紙小小一張，還得省着用呢！小四至小六期間，我的花燈分別為五角星、六角星和花籃。大概家長和孩子們都想不透何

以孩子寧願捨棄享受美食的機會，襯托出對餘興節目的嚮往。

描寫製作花燈的過程，抒發對中秋晚會的期待和喜悅之情。

以老師會給小學生佈置這樣的勞作，因為基本上，一切紮作功夫都交給爸爸媽媽，我們只負責把玻璃紙拼到竹篾支架上配襯顏色，裁剪出合適的大小，再用白膠漿沿框架糊上通透明亮的色紙。仍然記得貼好玻璃紙後，用小小的指頭點水，輕掃紙面，讓它吹乾後變得更繃緊亮麗的情景。老師在班上選出幾個花燈在屋邨中秋晚會上展覽，我很幸運，幾年都能獲選。看看自己的、同班、同校同學製作的花燈一同懸掛在半空，已經是我對屋邨燈會的所有期待了。

老早約定鄰家年紀相近的小孩飯後帶備花燈和蠟燭到樓下公園遊玩，天未黑已想上街，除了貪心想延長玩耍的時間外，更重要是渴望霸佔一處好地方。附近的公園、球場、空地必然擠滿了慶祝節日的人，處處燭光閃閃、人聲鼎沸。大家都深深明白太晚「出發」的話必難以在人群之中找到立錐之地，更何況想找一席地鋪好桌布足夠大家圍坐點燃蠟燭？靠近花圃矮石壆的空地，是夢寐以求的上佳位置，因為可以善用石壆，把雜物和燈籠放在上面，騰出更多地方來放月餅罐點蠟燭。

孩提時代饞嘴卻不貪吃月餅，偏偏大家都對家裏的月餅虎視眈眈，覬覦那鐵皮方罐。我們幾個孩童膽子小，不敢「煲蠟」，但

描寫中秋晚會的熱鬧氣氛。

四四方方的鐵皮盒子，仍是點蠟燭最優質、最理想的盛器。它平實無華，卻實用無比。若然非挑剔不可的話，唯一的不足之處是經過長時間的烘焙和蠟燭溶化後滴下的蠟會使月餅罐變得熱燙，稍不留神便會燙傷，留下疤痕。那時還未懂得欣賞月餅，每次都淺嚐即止，遇有蛋黃更會嫌棄其油膩、把它揀出來留給曉得品嚐其珍味的爸爸媽媽。直到正式當老師後首年的中秋，準備了水果、月餅，在班務時間和學生一起過節，節慶氣氛並沒有特別濃厚，卻無意中讓我發現了月餅的吸引力。

借用月餅流露成長的轉變。

未等我們長大到不再到街上玩燈籠點蠟燭耍樂的年紀，屋邨的監管已越見嚴密，中秋前後隨處可見的燭光逐年減少，逐點熄滅。紙燈籠是有的，但能夠被點起一枝蠟燭置於中央使其通體透亮的紙燈籠幾乎成了文物，取而代之的是各種造型的塑膠燈籠，當紅流行的卡通人物年年推陳出新，只消兩枚電池，燈籠便會發光也發聲。除了電子燈籠，還有串連成各種手鐲子、項圈、髮箍的螢光棒。幼童、年青男女戴上紅橙黃綠藍色的大小圈圈在四周穿梭遊走，也許已算是應節的一種方式。

借用屋邨的監管措施，燈籠樣式的變化，帶出屋邨裏中秋節慶氣氛開始不復昔日濃厚。

又過了幾年，一次晚間課堂結束後，在車廂裏翻閱從大型連鎖超市取得的小冊子，

彩頁上各式節慶食品、月餅禮盒琳瑯滿目，
也許因為飢腸轆轆，竟生出饞涎欲滴的錯
覺。和好友聊着傳統月餅禮盒不只與冰皮月
餅或潮式月餅等各擅勝場了，由冰燒月餅、
雪糕月餅以至巧克力禮盒、海味、鮑魚麵禮
盒甚至毛巾禮盒……結果決定找個日子共慶
中秋。友人帶來一個雙黃紅豆蓉月餅，我帶
上兩份水果，泡一壺濃濃的茶消滯，大家邊吃
邊交換品嚐月餅的「心得」，不一會兒便瓜分
了整個傳統月餅，果真美食當前、親好聚首，
甚麼脂肪膽固醇，都得暫時統統拋諸腦後。

　　人物幻變月明圓缺。應節方式的變更、
心態的轉變、口味的轉換……昔日的孩童
已長大成人，對中秋的期待回歸到親友相聚
的飯桌上。這年，我與媽媽結伴到菜市場，
物色心水食材，把「師奶車」擠得滿滿的，
也把親朋友好的肚皮擠得滿滿的。媽媽又從
廚櫃裏取出醞釀多時的楊梅酒，楊梅酒色澤
清澈明淨，果子青青黃黃，有的甚至泛白，
間或有幾顆淡紅色，玻璃瓶彎彎的鏡面讓果
子變型，把瓶子轉來轉去，果實時大時小，
其他果子酒也會這樣，但可能因為紅黃綠色
澤分明，每一下細微的轉動都像起了明顯的
變化。這是初中時學過的關於水的折射嗎？
還是光的投映？折射這名詞於我而言是陌生
的，教我印象尤深的是物理科的測考我每次

從回憶過渡至現
實，記與友人、
家人於中秋佳節
相聚，抒發對團
圓機會的珍視。

都差一分才及格。

想到釀楊梅酒的那段日子，工作上剛經歷過沮喪委曲的時刻，糾結的情緒無處消解。沉靜的午後把一顆顆精心挑選的楊梅放在小碗白酒裏搖晃、清洗。每一顆都是未成熟的、青澀的。隱藏在幼細縫隙中的雜質悉數褪出，在酒精裏載浮載沉。潔淨過的果子叮叮咚咚地堆滿半個瓶子，注入純淨的米酒的瞬間，隱隱激起果實又迅速墜落，忽然醒悟，比起變幻，如果改用「扭曲」，可能更匹配。據說楊梅酒是香甜的，然而酸澀的果實、刺激的酒精混和、融合、發酵、變質，難道不算扭曲本相的一種嗎？

如今屋邨的小型硬地足球場早已不再辦節慶燈會了，向學生探問，小學也沒有花燈紮作的功課了。老師當年的安排，是故意製造機會給各個家庭有親子樂的時間吧，想來其實別有一番美意。

地區公園的綵燈會裏，巨型傳統花燈透出柔和的光，灑落遊人斑駁的剪影。我憶起童年時在樓上往下望，點點燭光綿延不斷，漫遍整個屋邨，距離太遠了。然而，看着燭光似是而非地眨動，不住擴散的歡聲笑語在夜空裏飄浮，卻是一幅別致動人的風景。熱鬧的飯桌上，酒埕中幾顆懸浮的楊梅，竟也成了凝在澄明天空中盞盞實在不變的燈。

借釀製楊梅酒的過程和觀察，投射個人情感，抒發沮喪憂傷之情。

以不同感官角度描寫當下的綵燈會和兒時的中秋晚會，聲色亮麗、氣氛歡快，並再次借觀察楊梅酒的變化，抒發心境轉變，豁然開朗。

2 搜捕寫作靈感

同學寫作時，可能因為沒有靈感而不知該如何下筆，我們可以一起參考其他作家的作品，精彩的句子和段落都有助激發大家思考。

01 《我們都在蘇屋邨長大：香港人公屋生活的集體回憶》

＋ 劉智鵬（香港：中華書局，2010 年）

我在公共屋邨長大，在屋邨學校讀書，公共屋邨帶給我許多難忘的回憶，諸如款式多樣的遊樂設施、寬敞舒適的公共空間、平實質樸的街坊小店……全都盛載了情味濃厚的故事。

〈蘇屋邨實在有太多玩意〉

「蘇屋邨的治安很好，但有時也會出現搶劫。有一次，我就在百合樓被人騙去了兩元。有時，亦會有人從通風位伸手入屋順手牽羊。不過，這裏的鄰里關係非常融洽，因此，一人遇到賊，整個邨的街坊都會一齊幫忙捉，那景象十分轟烈和誇張。常常是，那些賊人不停地跑，待跑到百合樓和荷花樓時就被人捉住了，然後大家會就地把賊人教訓一頓。」[1] 記錄遇上賊人時的驚險情節之外，更將鄰舍之間守望相助的情誼充分展現。他們之間的關係和情誼如何？

---

1 〈蘇屋邨實在有太多玩意〉（文：張楚勇），《我們都在蘇屋邨長大：香港人公屋生活的集體回憶》，頁 137-138。

「蘇屋邨的整體設計很特別,是座封閉式的屋邨,所以賊人要逃走頗不容易。」[2] 曾經誤以為屋邨只有幾種設計,欠缺特色,後來才曉得不少屋邨的規劃都別樹一幟,樓宇類型各有風格,而且不但有好些屋邨外形獨特、連邨內大廈的命名也別具心思,時見詩情畫意,也有自然色彩;或有美好期盼,更有深刻祝願。哪些屋邨有別具特色的設計?這些設計或命名有何吸引之處?

02 《我們都是這樣在屋邨長大的》

十 范永聰、范詠誼、楊映輝合著（香港:非凡出版,2019 年）

不同公共屋邨的樓宇設計不盡相同,有些獨特的大廈結構使「左鄰右里」或「樓上樓下」的鄰舍關係更緊密,甚至發展出意想不到的溝通模式呢!

〈街坊同窗〉

「從此,我們這兩個街坊同窗便常常結伴回家。有時在家中吃到好吃的糖果,我會搖一通電話給她:『你由廚房的窗子吊一個小籃子或者膠袋下來,我有好吃的糖果,想給你試試!』有時我突然發現家中沒有某種文具,會致電求救:『可否吊一枝塗改液給我?』有時換她致電給我:『我有好吃的東西,你去廚房接收啦!』倚着窗子,看着小籃子緩緩下降,取物後再看着籃子緩緩上升,不禁覺得我們真是聰明,竟然想到這個方便、快捷又有趣的方法!」[3]

---

2 同上,頁 138。

3 〈街坊同窗〉（文:范詠誼）,《我們都是這樣在屋邨長大的》,頁 40。

記得小時候我和妹妹也想像過和樓上或樓下的人用這種方式傳遞物件，可惜我們和樓上樓下的鄰居並不太熟絡，姊妹倆只能用雙層床的上下格實踐這念頭呢！

〈是送上門的白糖糕美味？還是那人情味美味？〉

🚩 「那時候我們居住的公屋單位，家家戶戶都裝着一式一樣的鐵閘，小食叔叔和糖水姨姨從鐵閘的寬闊菱形空隙把食物遞進來給我們；然後我們把零錢同樣從鐵閘的菱形空隙遞出去給他們。這個傳遞的過程，不只是單純的商業行為，而是極具『人情味』的互動，充分展現公屋生活中獨特的人與人之間的緊密交流。」[4] 這個段落吸引我，則是因為雖然我同樣住在公共屋邨，但從沒見過有人在走廊間叫賣，這引發了我無盡的聯想：是某些屋邨獨有的文化嗎？是更早期的屋邨才有的「街坊生意」嗎？

🚩 屋邨裏最受歡迎的設施是甚麼？不同屋邨、屋苑會有獨有的文化？

③ 創作意念&詞彙工具箱

找到寫作靈感後，便要為文章訂立清晰的切入點和主題，即為文章立意。以下列舉了不同難易度的創作意念，以及在「游老師文章分享」和「搜捕寫作靈感」出現過的實用詞語，同學寫文章時可按自己的程度和喜好參考、選用。平日閱讀的時候，也可以建立自己獨有的詞語庫呢！

---

4 〈是送上門的白糖糕美味？還是那人情味美味？〉（文：范永聰），同上，頁112。

創作意念 ❶　難度★

回憶與愛 *	心靈的觸動	人情的 可貴 *	對生活的 觀察	對時間的 珍惜
成長的 轉變 *	與人相處	面對誘惑	面對或處理 過失	面對考驗或 困難

創作意念 ❷　難度★★

情感的割捨	對物事的 情意 *	抉擇與拉扯	面對或處理 傷痛	面對疾病或 死亡
青春回憶或 氣息	自我反省與 思考	面對恐懼 *	追逐理想	希望或意義

創作意念 ❸　難度★★★

對生活的 追求 *	對生活的 質疑 *	留住 生活節奏	關係的建立 或消逝	相見的期盼
人性的 展現 *	人生如戲 *	對社會不同 階級的關注 或回應 *	對生命的 理解或學習	對生命的 領悟

* 是作者在寫作此篇介紹的主題時曾選用的創作意念

實用詞語庫

有關外貌	有關行為	其他	
黑黝黝 饞涎欲滴	虎視眈眈 覷覦	斑駁 繚繞不散 虛有其表 虛無 四分五裂 人聲鼎沸	醞釀 懸浮 別樹一幟 飢腸轆轆 詩情畫意

4 試試動筆寫

你想寫作時更得心應手嗎？那就要多寫多練習了！同學可參考下列寫作題目，結合生活中累積的寫作靈感，並參考「創作意念及詞彙工具箱」中的創作意念列表，嘗試創作自己的文章，大家可按個人喜好和強弱揀選寫作文體呢！

寫作題目

1. 秘密基地
2. 充滿＿＿＿＿＿聲的兒童遊樂場
3. 升降機

寫作前想一想

① 這篇文章的最主要訊息是甚麼？

② 這些地方與我有何關係？這些地方有何特色？

③ 為何要選擇這個地方為書寫對象？有何深刻意義？

④ 我抒發了哪些情感？

⑤ 我希望讀者看完這篇文章後有何思考、感受或啟發？

自我檢查

① 能夠完整表達出我構思的最重要訊息嗎？

② 文句通順嗎？

③ 詳略安排恰當嗎？

④ 有沒有錯別字？

⑤ 有沒有可以刪除或補充的地方？

 5 延伸閱讀

① 周淑屏：《牛下的青澀歲月》（香港：突破出版社，2021 年）

② 梁廣福：《再會舊冰室》（香港：中華書局，2016 年）

③ 梁廣福：《點滴記憶：再會舊社區》（香港：中華書局，2015 年）

④ 山崎亮（Yamazaki Ryo）著，莊雅琇譯：《社區設計：重新思考「社區」定義，不只設計空間，更要設計「人與人之間的連結」》（台灣：臉譜出版，2015 年）

讀寫小錦囊（十）

貪多務得

　　想寫作進步，多閱讀是不二法門。閱讀不同作者的作品，各種題材、類型的故事能夠擴闊我們的視野，也能令我們對世界有更多認識。

　　同類型的經歷，不同性格、不同背景的人感受各異，文筆和風格也各有特色，這一切都能刺激我們思考，繼而引發屬於自己的獨特感受。

　　吸收眾人的觀點、發掘他人留意的細節、學習別人的寫作技巧和文筆，尤其在讀到令我們為之驚歎，拍案叫絕或意料之外的地方時，更要認真記下，認真思考為何這種書寫會令我們感到驚喜，到自己寫作時嘗試運用，或模仿，或轉化，都能提升我們的寫作技巧。

第 4 章

發現我自己

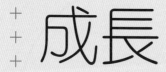 成長

　　成長是美好的，也是殘酷的、現實的。要成長，總得跨過許多關口、越過許多障礙，甚至經歷傷痛、挫折才能享受那甜美的果子。而我們往往要到品嚐甜美之味的時候，才曉得回顧往昔的艱辛全為成就今日的甘甜。

　　走在艱難、困頓的路上，感到極端軟弱、無力、無助，委實尋常不過。一天不衝破關口，彷彿總覺得每段路都是冤枉的、多餘的，對一切考驗和挑戰都極為抗拒。其實，只要用心經歷，用心生活，沒有任何一段路是冤枉的。走過的路、克服過的難關、解決過的疑難、切身體會過的考驗……全是成長路上最珍貴的片段，最深刻的風景。

1 游老師文章分享

作者
悄悄話

有一段時間，我很怕自己會失業，怕會因為自己能力不足，表現不夠別人好而不獲聘請。那陣子禁不住想，到底甚麼是失業呢？我是怎樣曉得失業這回事的呢？因為生活見聞嗎？因為社會議題嗎？想着想着，勾起了兒時記憶，想到那大概是我生命裏第一次接觸的，有關失業與就業的認知。

尋找一個存放水杯的位置

＋ 原載游欣妮：《紅豆湯圓》（香港：匯智出版，2013 年）

把信投寄到不同的角落
尋找一個存放水杯的位置

我忽然記起那天午後
你把水杯裝在白色背心膠袋裏帶回來
說了一句類似明天不用上班的話
之後的一段日子
起床梳洗的時候
終於能看見你吃早點的身影

回憶童年往事，當時父親失業，而我尚年幼，無論是父親的工作或是家庭重擔，對一切都懵懂未知。

沒有人知道
我曾悄悄拉開袋子的結
看過那米色有花的塑膠水杯
那不是家中的水杯呢

我繼續每天上學唸書
隨着琴聲輕快地哼唱不合音律的兒歌
「爸爸上班工作忙放假陪我郊外往」
數學堂的棒形圖讓我們笑着舉手
統計每一個爸爸的職業
在學生手冊上刻寫「肉檔小販」幾個小字
的時候
老師沒有教導我
尋找和失去工作的意義

偶爾閃過當日午後的光影
無法還原袋子的活結
拉扯住延續至日後的疑問

我訝異於多年後仍記住
豬肉堆中冒起一個水杯的畫面
閉上眼
生豬肉的氣味徐徐飄起
彷彿終於明白
課堂上高舉的手臂
原是用來摘一個
在大家眼中
屬於爸爸的位置

記述求學時期唱遊玩樂，輕鬆愉快的片段，襯托出孩童天真，未明白成年人的世界。

長大成人後回想童年經歷，終於明白水杯有其象徵意義，可以代表穩定的工作，也表示一個人能夠留在某地，有屬於自己的位置。

搜捕寫作靈感

同學寫作時，可能因為沒有靈感而不知該如何下筆，我們可以一起參考其他作家的作品，精彩的句子和段落都有助激發大家思考。

01 《老媽，這次換我照顧你》

＋ 島田洋七著，莊雅琇譯（台灣：時報文化出版，2017 年）

　　父母是我們在世的血脈至親，然而關係越緊密的人，相處時會有的磨擦、衝突卻更多，因為大家都做最真實的自己，也不如待別人那般寬容。結果，在時日裏與許多本來可以和平共處的溫馨時光失之交臂，追悔莫及。「樹欲靜而風不止，子欲養而親不待。」若有機會孝敬至親，當好好把握。

〈回佐賀蓋房子〉

🚩 「人不論到了幾歲，最幸福的莫過於身邊還有長輩可依偎。我雖已是成熟的大人，人生一切大小事都由自己決定。然而，有時儘管心意已定，還是想要跟別人商量看看。」[1] 在許多父母親的眼中，兒女永遠是小孩，永遠長不大；在兒女心中，成長初期總急於證明自己已長大，急欲擺脫父母的管束，到了真的長大成人，投身社會、成家立室，甚至為人父母，要獨當一面的時候，恍然又渴望當個小孩子，活在父母的疼惜與庇蔭之下，這正是許多父母與子女之間感情親厚，血濃於水難以割捨的寫照。我們有過這種矛盾心情嗎？

1 〈回佐賀蓋房子〉，《老媽，這次換我照顧你》，頁 24。

02 《遇見 26 個自己：認識內在的 26 種人格，喜歡上不完美的自己》

＋ Silvia Maria Engl 著，賴雅靜譯（台灣：漫遊者文化，2017 年）

偶爾我們或會因為覺得沒有人明白自己而感失落，但其實細心思考，自己對自我的認識或了解又有多少？若要人似我，除非兩個我。如果連自己都無法明瞭，還能如何要求他人懂得自己？

〈一步步消除自我〉

「為了清楚看到自己的進步，你可以撰寫你的自我日記，而且最好採用方便隨身攜帶的小筆記本。每次你發現有個念頭在壓抑着你、干擾你，或是不讓你幸福快樂時，就請寫在這本小筆記本上，並且記上日期，等到你心平氣和並且有充裕的時間時，再進一步處理。」如此看來，小筆記本更似乎起了緩衝作用，將情緒沉澱，轉化成情感。

「將來當你翻閱這本自我日記時，藉由上頭的日期，你就能發現自己的進步。沒錯，只要您持續追蹤，有一天當你回顧時，便會發現自己竟然老是成為自己的絆腳石，因而大感不解。」[2] 人生長路漫漫，總有碰到絆腳石的必要。那些絆倒我們的是甚麼？先天條件？他人？際遇？如果是自己，又會是自己的甚麼？個性？陋習？心態？還是其他？

試想像，面對挑戰時，我們要硬着頭皮嘗試還是自動棄權？如果拒絕嘗試，我們有甚麼得與失？如果放棄，將來回想，會後悔嗎？甘心嗎？

---

2 〈一步步消除自我〉，《遇見 26 個自己：認識內在的 26 種人格，喜歡上不完美的自己》，頁 270。

3 創作意念及詞彙工具箱

找到寫作靈感後，便要為文章訂立清晰的切入點和主題，即為文章立意。以下列舉了不同難易度的創作意念，以及在「游老師文章分享」和「搜捕寫作靈感」出現過的實用詞語，同學寫文章時可按自己的程度和喜好參考、選用。平日閱讀的時候，也可以建立自己獨有的詞語庫呢！

創作意念 ❶ 難度★

回憶與愛 *	心靈的觸動	人情的可貴	對生活的觀察	對時間的珍惜
成長的轉變	與人相處	面對誘惑	面對或處理過失 *	面對考驗或困難 *

創作意念 ❷ 難度★★

情感的割捨	對物事的情意	抉擇與拉扯	面對或處理傷痛 *	面對疾病或死亡 *
青春回憶或氣息	自我反省與思考	面對恐懼 *	追逐理想 *	希望或意義 *

創作意念 ❸　難度★★★

對生活的追求	對生活的質疑	留住生活節奏	關係的建立或消逝	相見的期盼
人性的展現 *	人生如戲 *	對社會不同階級的關注或回應	對生命的理解或學習	對生命的領悟

* 是作者在寫作此篇介紹的主題時曾選用的創作意念

實用詞語庫

有關心情	有關行為	其他
追悔莫及 壓抑	割捨 追蹤	失之交臂 恍然 庇蔭

4 試試動筆寫

你想寫作時更得心應手嗎？那就要多寫多練習了！同學可參考下列寫作題目，結合生活中累積的寫作靈感，並參考「創作意念及詞彙工具箱」中的創作意念列表，嘗試創作自己的文章，大家可按個人喜好和強弱揀選寫作文體呢！

寫作題目

❶　我真的長大了

❷　舊事已過

❸　終於明白

寫作前想一想

① 這篇文章的最主要訊息是甚麼？

② 甚麼時候讓我感覺自己長大了？

③ 哪些經歷、說話讓我感受最深刻？

④ 我抒發了哪些情感？

⑤ 我希望讀者看完這篇文章後有何思考、感受或啟發？

自我檢查

① 能夠完整表達出我構思的最重要訊息嗎？

② 文句通順嗎？

③ 詳略安排恰當嗎？

④ 有沒有錯別字？

⑤ 有沒有可以刪除或補充的地方？

 5 延伸閱讀

① 林良著，子敏繪：《永遠的孩子：80 篇散文林良爺爺細說 —— 他是這樣長大的！》（台灣：國語日報出版，2013 年）

② 約翰・波恩（John Boyne）著，陳佳琳譯，奧利佛・傑法繪：《漂浮男孩》（台灣：未來出版，2013 年）

③ 泰勒・費德爾（Tyler Feder）著，尤采菲譯：《妳離開之後：一個女兒失去母親後的生存旅程》（台灣：三采文化，2020 年）

④ 蘇西・霍普金斯（Suzy Hopkins）著，吳愉萱譯，哈莉・貝特曼（Hallie Bateman）繪：《我離開之後：一個母親給女兒的人生指南，以及那些來不及說的愛與牽掛》（台灣：三采文化，2019 年）

⑤ 龍應台：《天長地久：給美君的信》（台灣：天下雜誌，2018 年）

讀寫小錦囊（十一）

衝字數？充字數！

經常聽到同學受字數問題困擾，無論是二百字、四百字、抑或六百五十字，總覺得要達到要求很不容易。似乎無論字數要求設定為多少，反正有要求，有限制就覺得艱難。

為了滿足要求，跨越字數關口，大家只得絞盡腦汁，為求充撐字數扭盡六壬，佔兩個方格的破折號、省略號、開關引號自然大受歡迎了！此三寶曝光率奇高，老是常出現，有時更如攝石人般，在不適當的地方莫名其妙地亮相。

只是，加到一定數量的標點符號之後，定會發現此「權宜妙計」實非明智之舉。

會為字數煩惱的同學，我一般先不要求他們用太多「花式」，只勸勉與其用這些「旁門左道」充撐字數，倒不如用實際可行的方法豐富文章內容，不但能將字數規限拋諸腦後，更有可能超越要求呢！

第一個方法，我會建議同學在文中找出一個人物，並為這個人物特別加一個片段（不一定是段落）細緻描寫，從外表到內涵，從行為到想法俱加入更多細節，一一細數，使人物舉手投足如在目前，形象活靈活現。

　　第二個方法，我會提議同學多加一個段落，寫最少一件與文章題目關鍵詞有關的事。要與題目關鍵詞有關，是盡量減低偏離題旨的機會。依循題目方向完整記述一件事情，交代該事的來龍去脈，將事情的起因、事態發展、結果都寫出之後，便抒發因為那件事而生的感受；「沒有幾十字，難寫一件事」，寫的時候記緊這「口訣」，距離完成任務的目標又邁進一步了。

　　第三個方法，我會請同學選出文中最重要的場景，將場景裏的陳設、氣氛鉅細靡遺地寫出，不過這個方法比較少得到同學的青睞。其實描寫環境的時候，也可以描畫得很仔細以營建氛圍的，不過比起寫人和事，人會有更多動態，事會有更多變化，較為靜態的景物自然沒那麼多同學想挑戰了。

　　所謂一一細數，所謂鉅細靡遺，其實不過是激勵大家盡量多元化、多角度地懷人憶物敘事寫景抒情。無論是描繪人、物、景，或是記敘事件抒發情懷，都可以用不少形容詞、修辭方法等，舉個例子，例如寫：今天是晴天。本來只有五個字，如果我們對天空加入更多描寫，包括天色如何呢？有沒有雲？陽光充沛嗎？為甚麼我會留意天氣呢？看到這樣的天色，我想到甚麼？天氣對我有何影響？一連串的問題延伸下去，不但擴充了字數，解決了同學心中的煩惱，更可以使文章更多細節，畫面更精彩、豐富。

學習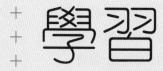

　　相信每個人都會有學習經歷，不論是學科知識上的學習，或是技巧、技能方面的學習，不同人對學習的看法和體會不盡相同。

　　學習的過程充滿新鮮感，也富有挑戰性，我們會得到莫大的滿足感和成功感，也少不免會有挫敗感和失落感。假使在個人的要求以外還負擔了來自他人的期望，壓力必大大增加，肩膀上的擔子益發沉重……

　　我並非學習能力很強的人，但我挺喜歡學習，投身社會工作之後更甚。因為認識新事物為我帶來了很多樂趣，但是不得不承認在學習過程中也經歷過不少挫折和打擊，求學時期更甚，畢竟不是所有科目都是自己感興趣或擅長的，然而，這大概是無法避免的，漫長人生，面對的人、事、物和環境均不斷轉變，難免碰到不似預期的事，只是我們總得面對，這也是學習的一種。

1 游老師文章分享

作者
悄悄話

雖然我是老師，但也認為在求學過程中，老師並不是最重要的人。不過，老師也是個重要的角色，因為這身份肩負重大的責任。而老師對學生的影響，不一定在課堂上。同樣，老師教授的知識、傳授的道理、分享個人經歷，也不一定在課堂上發生才難忘，有時反而是課堂以外的相處會令人留下深刻的印象，甚至帶來畢生的影響。

西米皮湯圓

+ 原載游欣妮：《摵時的餐桌》（香港：突破出版社，2016 年）

我在讀預科的時候首次吃到西米皮湯圓。

那天英文老師帶我和另一位同學到山頂做義工，我是首次接觸那麼多外國人，也是首次無從躲避，必須鼓起勇氣、硬着頭皮用結結巴巴的英語舌頭跟外國人溝通。仍記得當老師邀請我參加這個活動時，我一口就答應了，因為希望自己能抓住難得的機會鍛煉鍛煉，沒料到當到了一個充滿陌生人的環境，聽到身邊無論本地人或是外國人都自信地用非常流利的英語對話，那種自覺語文

記述初次接觸大量外國人，需要用英語與人溝通時的膽戰心驚。

能力完全及不上別人的感覺是立時洶湧而出的，膽子一怯，雙腳發抖，幾乎不敢講。

簡單如一句「May I help you？」，一句我自覺最有信心，說得最好的話，也讓我感到同樣的話出自其他人口中要比自己說悅耳得多。

有些外國父母帶着孩子在草地上跑跑跳跳，有些在各式攤位前選購心儀的貨品。草地上架設了許多帳篷，攤位林立，有的賣食物，有的賣玩具，我們負責看管的攤子專門出售童裝。因為是義賣活動，我們不得不與客人對話，回應客人的提問、聆聽對方的需要，為他們找尋合適的貨品。這樣的環境逼使我即使再想退縮也必須迎難而上。

活動後老師和她的先生帶我們上茶樓吃午飯，吃過甚麼，我統統記不起，除了飯後甜品——西米皮湯圓。

本來因為怕過飽，我們是不打算吃甜品的。然而老師一再推介，大家還是吃了不可錯過的甜點。

老師說：「你看這芝麻餡黑乎乎的，就算用美麗的外皮包裹，卻還是叫人不禁心生抗拒。加上我們本來就吃得飽足，更想拒絕它。但其實當騰出點點空間嚐嚐，說不定就會意外發現它的美，發現自己非但不抗拒，甚至會愛上它。我喜歡這湯圓，因為它獨特的西米皮，不會膩；也因為它的份量，小小

敘述心情轉變，鼓起勇氣嘗試面對挑戰的經過。

借用老師的話道明題旨，説明為學應有的態度。

兩顆，剛剛好。願意多吃的人，當然可以多吃，若怕過量自己會應付不來，淺嚐一份，也能收穫驚喜。而要不要收穫這份驚喜，關鍵就得看自己要不要嘗試。」

這番話，似單純指向碗裏的湯圓，然而我更覺得那是老師教導我們面對困難——當下所指自然是學習英語時應有的心態。而這份迎難而上的勇敢，除了學習英語，放諸出現在人生中的種種困頓，總能派上用場。

2 搜捕寫作靈感

同學寫作時，可能因為沒有靈感而不知該如何下筆，我們可以一起參考其他作家的作品，精彩的句子和段落都有助激發大家思考。

01 《一流的人讀書，都在哪裏畫線？：菁英閱讀的深思考技術》

＋ Eiji Doi 著，歐凱寧譯（台灣：天下雜誌，2021 年）

如果有方法記下閱讀時引發我們思考的東西，無論是詞語、佳句、疑問……都是啟發我們思考的珍寶。

〈這樣讀書是不行的 /「書評」這種東西也不需要〉

📌 「你不需要寫書評或讀後心得，而是要在能夠成為心靈養份的文句上畫線，即使只有一行，也要吸收起來。只要能做到這件事，這本書就有價值。」[1] 要做到過目不忘難度極高，而且，當大量閱讀時，得着多，無法牢記的也不少。如果水過鴨背，閱讀後不留半點痕跡，殊為可惜。記下的下一步絕非塵封，而是思考、吸收，繼而內化，才能真正有所獲益。學海無涯，學習習慣如何影響我們？

📌 學習甚麼讓我享受到成功感和滿足感？

02 《關於跑步，我說的其實是……》

＋ 村上春樹著，賴明珠譯（台灣：時報文化出版，2008 年）

要堅持每天充滿幹勁地做同一件事其實並沒有那麼容易，尤其當步驟、事情等不斷重覆，又未見顯著果效或進步時，要繼續堅持不懈就加倍困難。

〈我寫小說的方法，很多是從每天早晨在路上跑步中學來的〉

📌 「如果因為忙就停，一定會變成終生都沒法跑了。因為繼續跑的理由很少，停跑的理由則有一卡車那麼多，我們能做的，只有把那『很少的理由』一一珍惜地繼續磨亮。一找到機會，就勤快而週到地繼續磨。」[2] 正因為能夠鞏固人堅持心志的理由那麼珍罕，所以，無論多微小的理由都彌足珍貴，我們亦很需要賴以成為鼓勵

---

1 〈這樣讀書是不行的 /「書評」這種東西也不需要〉《一流的人讀書，都在哪裏畫線？：菁英閱讀的深思考技術》，頁 35。
2 〈我寫小說的方法，很多是從每天早晨在路上跑步中學來的〉，《關於跑步，我說的其實是……》，頁 87。

自己持之以恆的動力。學無止境，有甚麼是我想堅持的呢？我如何堅持？在追求學問的道路上，我遇到哪些困難？

🚩 誰是我的學習對象？我在他 / 她身上學到了甚麼？

🚩 哪種形式的學習讓我更容易獲取知識？對我更有裨益？

③ 創作意念及詞彙工具箱

找到寫作靈感後，便要為文章訂立清晰的切入點和主題，即為文章立意。以下列舉了不同難易度的創作意念，以及在「游老師文章分享」和「搜捕寫作靈感」出現過的實用詞語，同學寫文章時可按自己的程度和喜好參考、選用。平日閱讀的時候，也可以建立自己獨有的詞語庫呢！

創作意念 ❶　難度★

回憶與愛	心靈的觸動	人情的可貴	對生活的觀察	對時間的珍惜
成長的轉變	與人相處	面對誘惑 *	面對或處理過失 *	面對考驗或困難 *

創作意念 ❷　難度★★

情感的割捨	對物事的情意	抉擇與拉扯 *	面對或處理傷痛	面對疾病或死亡
青春回憶或氣息 *	自我反省與思考 *	面對恐懼 *	追逐理想 *	希望或意義 *

創作意念 ❸　難度★★★

對生活的 追求 *	對生活的 質疑	留住 生活節奏	關係的建立 或消逝	相見的期盼
人性的展現	人生如戲	對社會不同 階級的關注 或回應	對生命的 理解或學習	對生命的 領悟

* 是作者在寫作此篇介紹的主題時曾選用的創作意念

實用詞語庫

有關性格	有關行為	其他
迎難而上	結結巴巴	塵封 水過鴨背

④ 試試動筆寫

你想寫作時更得心應手嗎？那就要多寫多練習了！同學可參考下列寫作題目，結合生活中累積的寫作靈感，並參考「創作意念及詞彙工具箱」中的創作意念列表，嘗試創作自己的文章，大家可按個人喜好和強弱揀選寫作文體呢！

寫作題目

❶ 學＿＿＿＿＿＿的喜怒哀樂

❷ 最＿＿＿＿＿＿的學習方法

❸ 我想學＿＿＿＿＿＿

寫作前想一想

① 這篇文章的最主要訊息是甚麼？

② 我的學習經歷、態度如何？

③ 學習帶給我怎樣的感覺？滿足感？成就感？困難重重？……

④ 面對學習上的挑戰，我如何克服？

⑤ 我希望讀者看完這篇文章後有何思考、感受或啟發？

自我檢查

① 能夠完整表達出我構思的最重要訊息嗎？

② 文句通順嗎？

③ 詳略安排恰當嗎？

④ 有沒有錯別字？

⑤ 有沒有可以刪除或補充的地方？

延伸閱讀

① Rafe Esquith 著，卞娜娜、陳怡君、凱恩合譯：《第 56 號教室的奇蹟：讓達賴喇嘛、美國總統、歐普拉都感動推薦的老師》（台灣：高寶書版，2015 年）

② 麥樹堅：《板栗集》（香港：匯智出版，2019 年）

③ 雷夫‧艾斯奎（Rafe Esquith）著，朱衣譯：《點燃孩子的熱情 第 56 號教室外的人生課》（台灣：高寶書版，2010 年）

④ 肯‧貝恩（Ken Bain）著，周念縈譯：《如何訂做一個好學生：好學生深度學習指南及未來生涯規劃》（台灣：大塊文化出版，2014 年）

人際

　　人際關係是個不易處理的課題，卻是我們一生需要面對的必修課。無論是有豐富的社交技巧、強而有力的交際手腕的人際關係博士，或是在與人相處的時候總因覺得格格不入、難以開展友誼建立關係而若有所失，甚至自覺是生人勿近的「獨家村」，還有不應被忽視的欺凌事件……這些獨特的感受和與人相處的經歷，也可以成為我們筆下的故事，當我們娓娓道出心聲，甚至能引起讀者的共鳴。

游老師文章分享

作者
悄悄話

求學時期，我也曾經歷與友人鬧翻、友誼破裂的
沮喪。日漸成長，又因為時間、工作、生活習慣、
個人見解等等外在因素，建立了新的友情、與部
分故友感情變淡，漸漸疏遠。當與一些曾非常重
視、在意的人漸行漸遠，想必五內翻騰；要重新
認識新朋友，又要鼓起一番勇氣；要面對自己內
心真正的感受，接受現實，也得費一番工夫，相
信這些衝擊，你我都不陌生。

刻意打擊

+ 原載游欣妮：《看見看不見》（香港：突破出版社，2020 年）

　　敏晶不時回想從前的中學生活，每次她
都會記起一位同學，一位特別喜歡刻意打擊
她的同學。

　　自小英文成績並沒有特別差的敏晶，不
知何故升讀中三之後，除了默書，英文就從
未及格。猶記得第一次收回不及格的試卷
時，敏晶簡直晴天霹靂，連手都發抖
了，最糟糕的是老師說卷子要拿回
家給家長簽名。應考的時候，敏晶
已沒有多大信心了，不少詞語她

回憶求學時期成
績突然轉差、父
母的期望帶來的
壓力。

是認得的，但拼湊起來之後，許多考題她都不懂。只是，她料想不到自己會取得一個尚欠兩分才及格的分數。向來注重成績的爸爸媽媽是否接受得到呢？她已經可以預視，爸爸媽媽不會嚴厲地責備她，但一定會給她多請一位專門特訓英文的補習老師。光想到這一點，敏晶的頭益發疼痛了。

敏晶常常想，如果沒有補習老師，她的成績會變成怎樣呢？她的生活又會變成怎樣呢？現在已經有兩位全科補習老師，中、英、數各一位專科補習老師，一星期已經有五天要補習，另外兩天要學鋼琴，雖然補習和學琴算不上佔據她全部課餘時間，但天天都有節目安排的確充實得有時叫人感到疲於奔命。

以父母過分着緊、在校園被忽略等，突出主人公的具體形象和生活。

在學校裏，敏晶自覺是半透明學生。她沒有任何特別到足以令人加倍留意的長處，也沒有需要人格外關注的行為問題。課堂上她也沒有破格表現，不會因犯規而惹人側目，也不會因積極求學發問而引人注視。成績方面絕非出眾，卻也不至於極度差劣，所以基本上，她就是那種不好也不壞，不需要讓人必需花額外時間關注的半透明學生。

她有兩位特別要好的朋友，嘉露和璀思都是和她一樣的半透明學生。小息、午膳時間都聚在一起，上學會在車站會合一同回校，放學也會同行到車站。三人行的日子維持了一年多，大家一直相安無事。然而，到了中二學期初，敏晶覺得這段三人友誼好像出現了一點變異。璀思開始特別親近嘉露，甚至試過撇下敏晶，二人私下相約外出。敏

記述因友誼開始變質而心有鬱結，説明對友情的重視和不被明白的孤單。

晶覺得心裏很不舒服，但不曉得怎麼說。要是她們說：「約你你一定沒有時間啊！你天天都要補習。」她就無言以對了，畢竟總不能要人時時遷就自己的時間吧！

　　雖然還是會一起上學、下課，小息、午膳還是會走在一起，但大家的話題越來越少了。有時看到璀思和嘉露二人言談甚歡，甚至笑得人仰馬翻，而自己卻不曉得她們歡樂的原因，敏晶只覺心裏酸溜溜的不是味兒。而最教她難受的，是璀思開始經常借故打擊她。尤其每次英文測考之前，璀思都會對敏晶說：「唉，這次我肯定又有一大堆題目不會做了，敏晶，看來又是我和你『鬥低分』了！」

　　自從那次測驗不及格，敏晶的媽媽真的為她再找來了一位在大學主修英文的補習老師，不過敏晶的成績還是徘徊在不及格邊緣，漸漸分數更是每下愈況，媽媽越來越緊張，又問敏晶是否需要換補習老師，最後敏晶的媽媽還未提出辭退補習老師，補習老師已自行請辭了。連科任老師也注意到她的退步了，經常在分數旁邊寫下「work harder」、「Poor」等批語。看到成績節節倒退，敏晶很在意，爸媽越是不責備她，她越覺得內疚，越覺得不知道要怎樣向父母交代。偏偏璀思好像看穿她的心事，曉得她為此耿耿於懷，常常以此刺痛她。她不明白為甚麼璀思要這樣打擊她，「是不是我曾不小心開罪了她而不自知？」敏晶覺得很冤枉，很委屈，但沒有人明白她。她曾想過跟嘉露

說，不過最終還是沒有開口。嘉露和璟思，似乎早已與她生疏了。

沒有人主動開口說不再三人行一起上學放學，但三人的友情仍自然流逝，無聲無息地、悄然地無疾而終。中三的暑假過去，嘉露和璟思都沒有相約敏晶同行，敏晶也沒有聯絡她們。開學日那天，敏晶刻意走了另一條路上學，不過在快到學校的那段小路上，敏晶還是遇上了嘉露和璟思的背影。她們的髮髻上束着同樣的髮飾，背一樣的書包，書包上繫着同一系列的鑰匙圈，像對孖公仔。敏晶刻意放慢了自己的腳步。

敏晶很希望自己可以被分配到和嘉露、璟思不同的班別，但她的願望只實現了一半。新學年，敏晶和嘉露不同班了，可是，卻和璟思同一班。她曉得如無意外，未來這兩年都不可能換班了，即是璟思仍然會繼續打擊她，依舊會在每次測考前高聲向她宣戰，和她「鬥低分」。

敏晶很難過，也覺得這些話很刺耳，但要結識新友伴，重新融入別人的圈子是很困難的，因為每個圈子都有固定的關係，她害怕介入別人的友誼，更擔心在主動接觸別人的時候受到排擠。

如今敏晶只能盼望，這兩年就算無法認識到新朋友，也要學習鼓起勇氣反擊，或者無視那些不明不白的刻意的打擊。

抒發面對被刻意孤立，想交朋結友卻不敢再輕易建立友誼的矛盾心情。

在成長路上自我勉勵，學習面對打擊該如何自處。

② 搜捕寫作靈感

同學寫作時,可能因為沒有靈感而不知該如何下筆,我們可以一起參考其他作家的作品,精彩的句子和段落都有助激發大家思考。

01 《我要真關係:在人際中解結與成長》

＋ 區祥江(香港:突破出版社,2016 年)

　　人和人之間的關係非常奧妙,如何與人相處、如何在一個群體裏自處,是一門永遠學不完的必修課。或會因遭遇挫折而摔跤、或會因關係淡化、破裂而黯然神傷,然而,真誠的對待,恆久的關係卻可以長久潤澤我們的心靈。

〈總結:成為別人成長的動力〉

🎏 「生命其實是一個很美麗的循環,生生不息的。我曾經是不同的人際關係的受益者、被關愛、得滋潤的一方,同時可以是一個接棒人,將這些自己受過的祝福,轉贈他人,祝福他人。」[1] 找到志同道合的人不容易,遇上可以守望相助的人更難,在意別人的同時,也當好好思考,自己可以、應該怎樣做?

🎏 「生命是一個回饋,既然之前受了恩惠,就感恩圖報。施恩在我們身上的人,不一定要我們直接回報給他們,只要我們將這生命之恩再傳給一些有需要的人,那美好的人際關係的火種,可以令冰冷的世界變得溫暖。」[2] 原來在我們感受到來自他人的真切關懷,體會過被真心對待的美善之後,除了回報對方,可以做的還有將

1 〈總結:成為別人成長的動力〉,《我要真關係:在人際中解結與成長》,頁 220。
2 同上。

這點善意植根內心、轉移、延續，最重要是讓更多人享受到在人際關係裏得到支援的美好。我做得到嗎？我曾經這樣做嗎？

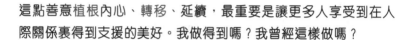

02 《別讓無效社交害了你：掌握人際交往心理學，擺脫以數量論社交的人生陷阱》

＋ 朱鴻霏（台灣：時報文化出版，2019 年）

　　自從社交平台出現、流行，一種現象也同時興起：多了人借用這些平台和渠道表達自己、表現自己，甚至非常沉迷，沉迷得對所有數字都在意，例如朋友數量、讚好數量等，在虛幻與現實之間進退失據。

〈誰都有缺陷，不必為了面子追求完美〉

📌 「我們都希望自己是完美的，總是怕別人看出自己的缺點 —— 那樣會讓自己很沒面子。其實，金無赤足，人無完人。對人對事要求過高，刻意追求完美，就會成為人生煩惱、憂愁的根源。」[3] 無人完美、無事完美，雖是老生常談，卻知易行難。生活裏追求盡善盡美的例子比比皆是，別人對我們的看法，甚至評論也常常左右自己的行為和想法，誰人沒有類似的經驗？

📌 「世間沒有真正完美的事物，一味地追求完美也是一種不完美。可能有人會說：我為事業付出了自己全部的精力，最終升了職加了薪，達到了自己的目的，這不是一種完美嗎？更多的時候，一味地追求所謂的『完美』，只是人們心中美麗的錯覺。你要知道，世事的發展都是相對的，即使這一面看似達到完美了，另一面也難免會有缺陷。」[4] 培養逆向思維的能力不但能強化我們的思考力、判斷力等，當面對問題時能夠更思慮周全，對寫作也大有幫助呢！

---

3 〈誰都有缺陷，不必為了面子追求完美〉，《別讓無效社交害了你：掌握人際交往心理學，擺脫以數量論社交的人生陷阱》，頁 159。

4 同上。

③ 創作意念及詞彙工具箱

找到寫作靈感後，便要為文章訂立清晰的切入點和主題，即為文章立意。以下列舉了不同難易度的創作意念，以及在「游老師文章分享」和「搜捕寫作靈感」出現過的實用詞語，同學寫文章時可按自己的程度和喜好參考、選用。平日閱讀的時候，也可以建立自己獨有的詞語庫呢！

創作意念 ❶　難度★

回憶與愛	心靈的觸動	人情的可貴 *	對生活的觀察	對時間的珍惜
成長的轉變	與人相處 *	面對誘惑	面對或處理過失 *	面對考驗或困難

創作意念 ❷　難度★★

情感的割捨	對物事的情意	抉擇與拉扯	面對或處理傷痛	面對疾病或死亡
青春回憶或氣息	自我反省與思考	面對恐懼 *	追逐理想	希望或意義

創作意念 ❸　難度★★★

對生活的追求	對生活的質疑	留住生活節奏	關係的建立或消逝 *	相見的期盼 *
人性的展現 *	人生如戲 *	對社會不同階級的關注或回應 *	對生命的理解或學習 *	對生命的領悟

* 是作者在寫作此篇介紹的主題時曾選用的創作意念

實用詞語庫

有關性格	有關心情	有關行為	其他
思慮周全	五內翻騰 疲於奔命 耿耿於懷 進退失據	側目 徘徊 排擠 守望相助 轉移	每下愈況 無疾而終 植根 知易行難

 試試動筆寫

你想寫作時更得心應手嗎？那就要多寫多練習了！同學可參考下列寫作題目，結合生活中累積的寫作靈感，並參考「創作意念及詞彙工具箱」中的創作意念列表，嘗試創作自己的文章，大家可按個人喜好和強弱揀選寫作文體呢！

寫作題目

1. 誤會
2. 和好如初
3. 角落小夥伴

寫作前想一想

1. 這篇文章的最主要訊息是甚麼？
2. 文中人物的形象如何？例如容貌、衣着、談吐、行為舉止等。
3. 有哪些事情能顯現人物的個性？這些事有何影響？
4. 我抒發了哪些感受？
5. 我希望讀者看完這篇文章後有何思考、感受或啟發？

自我檢查

1. 能夠完整表達出我構思的最重要訊息嗎？
2. 文句通順嗎？
3. 詳略安排恰當嗎？
4. 有沒有錯別字？
5. 有沒有可以刪除或補充的地方？

5 延伸閱讀

1. R. J. Palacio 著，吳宜潔譯：《奇蹟男孩》（台灣：親子天下出版，2017 年）
2. 慈善同學會：《原來天使在身邊》（香港：書作坊出版社，2017 年）
3. 金素媛（김소원）著，尹嘉玄譯：《適當的距離：獨處時寂寞，與人相處又不自在，人際關係不疲累的暖心練習》（台灣：新樂園出版，2019 年）
4. 吳美筠編：《You Are Not Alone》（香港：書寫主義 x clean press，2021 年）

讀寫小錦囊（十二）

只寫快樂的事嗎？

我們尊重每個人的感受，尊重每個人的感覺，這裏所指的每個人是包括我們自己的。很多時候，發生同樣的事情，但牽涉其中的每個人的感受都不相同。

那麼，我們必須隱惡揚善，只寫正面、積極、開朗的想法嗎？不是的。難過的事情，沮喪的心情統統可以記下，誰知道難受的瞬間不會加倍突顯快樂時刻的珍貴美好？

興趣

　　每個人感興趣的事物都不同，不難發現如果對某事物感興趣，當我們學習的時候或會更投入，學得更快、更有效率，而且有更好的成效。

　　當我們被一些事物或人吸引，覺得充滿好奇的時候，自然而然地搜尋相關的資料，彷彿暗中有一股動力激發我們對該物事有更多認知，慢慢就培養出興趣，範圍可以非常廣泛，涉及的東西也相當豐富，上至天文下至地理，無一不可，且動靜皆宜。

　　一旦有了興趣，有了追求、鑽研的狂熱，追尋資訊期間我們對該方面的認識就會更深入，了解的也會更多，連一些相關的額外資訊也會涉獵到。這也是當我們要介紹自己感興趣的物事時會加倍投入，格外高興的原因。而且因為積極的尋索、練習，找到自己擅長的技能，培養了興趣之餘也得到了專門的學問呢。

游老師文章分享

作者悄悄話

除了閱讀和寫作，我還有其他嗜好，例如做手工。其中一種我喜愛的手工是自製橡皮圖章，而我對圖章的熱愛，早在小時候已深深植根我心。我珍藏的圖章，有些是自己買的，更多是別人送贈給我的，也有一些是自己雕刻的。每一件藏品的最珍貴之處，不在於它們的來歷和產地，更教我珍惜的，是藏在裏面的故事，和於我的意義。

「印仔」

+ 原載游欣妮：《摾時前傳 —— 游樂園》（香港：突破出版社，2013 年）

　　跟很多人一樣，我從小就叫印章做印仔。我的第一個印仔是小白兔印仔。

　　讀幼稚園高班的時候，某天我的身體長出許多紅色的痘痘，那些痘痘讓我全身發癢，我花了很大的努力才忍耐得住不去抓皮膚上的痕癢處。

　　原來我出水痘了。別人都說人一輩子只會長一次水痘。水痘一天不褪去，我都不能上學，因為水痘是會傳染的。偏偏這磨人

的水痘要花大概一星期才能消失。大妹上學了，同學仔上學了，家裏就只有媽媽、我和我的水痘。自己一個待在家，媽媽又不能整天陪我玩耍，我不過是個小孩子，難免覺得悶悶不樂。

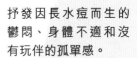

抒發因長水痘而生的鬱悶、身體不適和沒有玩伴的孤單感。

也許媽媽見我鬱鬱寡歡，於是帶我去買新玩具。我在文具店裏細意挑選，也不隨手揀些東西來看，只靜靜把文儀用具零星小物都看過後，才動手選自己心儀的玩意。

記述媽媽為了安撫我，帶我到文具店選購物品，排解鬱悶，展現媽媽對女兒的關愛。

最後我挑了一個小白兔印仔，長方形的，一隻站立着的，有長長耳朵的卡通小白兔看着我，面帶笑容。印仔上除了有白兔樣兒，還有幾個英文小字：VERY GOOD。就這樣，我只選了這麼小小的一個印仔，把它帶回家。平日老師也會在我的練習簿上蓋印仔呢！文具店離我家不遠，中間夾了個菜市場，如果不拐進菜市場，不消五分鐘路程就到家了。那時身上長滿水痘的我，最遠也只能走到文具店吧？

回家路上，我一手牽住媽媽，另一隻小手牢牢地握住我的小白兔印仔。還未走到菜市場，我們就遇見爸爸了。我小時候，有一段時間爸爸是在家附近的菜市場裏賣豬肉的。每次經過菜市場，我也會想：會不會見到爸爸呢？跟媽媽去買菜的時候，我也會特地走到肉檔去找爸爸。

記述與爸爸偶遇的經過，以爸爸的行動表現其對女兒的寵愛。

爸爸問我們買了甚麼，我伸手給他看看我的印仔。爸爸摸摸我的頭問：「一個就夠了？」我點點頭。然後爸爸在口袋裏掏了一些紙幣給我，着我跟媽媽去多買幾個。恐怕爸爸是覺得一個不夠吧。與爸爸道別後，媽媽便和我折回文具店。

在文具店裏，眼前的印仔琳瑯滿目，我卻選不出一個來。好像個個都漂亮好看，但又沒有哪一個是我覺得非擁有不可的。我請媽媽為我挑選一些印仔，容我再作決定好了。結果，花了好一陣子，我才在媽媽的意見裏再選定了兩個印仔。一個是橢圓形的，*SWEET* 字底下有兩個小貓頭像。另一個是圓形的，上面有兩個人坐在一起，面前有一彎月亮和幾顆星星，一行彎彎的小字，我長大了才看懂：BE WITH YOU FOREVER。那些字實在小，印得不好的話，字都糊作一團，變成一堆模糊的紋理。

直到現在，我有四百多個印仔了，我還是好好地保存着我最初擁有的三個印仔。我深信，這三個印仔，會像我身上幾顆水痘留下的疤痕一樣，這輩子都伴隨着我。

印仔除了是玩物，也包含了爸爸媽媽對我的愛護，帶出我希望爸媽的愛能伴隨一生。

② 搜捕寫作靈感

同學寫作時，可能因為沒有靈感而不知該如何下筆，我們可以一起參考其他作家的作品，精彩的句子和段落都有助激發大家思考。

01 《爆籃 CLUTCH TIME》

＋殷培基（香港：突破出版社，2016 年）

　　每個人的興趣不盡相同，甚至不是每個人都有興趣，聽起來好像很奇怪，而其實假使有些事物、活動我們從未接觸，或者未有聽聞，根本不可能曉得自己對這些類型、範疇的項目有何感覺。

〈香港職業籃球員——李琪訪談錄〉

📌 「『對於青少年來說，往往會在籃球的成長路上出現缺點，例如自大、自我、不合羣、爭得分、爭正選，你作為教練，如果球隊之中有這樣的球員，你如何處理？』

『我會將對這類球員的要求提高，如果他認為自己出類拔萃，他應該有能力令隊友更強，所以我會提升對他的要求，例如得分之外要有多少次助攻。』

『最後，你認為自己有甚麼因素令你夢想成真？』

李琪道：『毅力、虛心，凡事都盡全力做到最好，不要輕易放棄！』」[1] 閱讀別人的興趣、了解他們對興趣的追尋、堅持，過程不但可以像開發新大陸、開闊眼界，學習、欣賞他人的品格、態度、處事方式等，同時自我反思，刺激自己探索更多未知，挑戰無限的可能性。

---

1 〈香港職業籃球員——李琪訪談錄〉，《爆籃 CLUTCH TIME》，頁 15。

《織》

十 趙曉彤（香港：練習文化實驗室，2017 年）

　　每人的個性、經歷、想法都是獨特的，不同人物的生命故事，總為我們帶來許多思考、啟發和學習。聽君一席話，勝讀十年書。偶爾讀到有共鳴之處，更有靈光一閃的觸動呢！

〈阿愁〉

📌 「我們總是依賴閱讀與寫作，一次又一次從情緒低谷回到陽光充沛的平原。」[2] 失足滑進谷底的時候，從自己的興趣出發，會更容易尋得個人專屬的鎮靜情緒、安撫心靈的良方。

📌 「中四、中五，他買了一本簿，把自己的心情全部寫下來。最初，他希望自己可以寫得更快、更多，因為這樣就可以快點累積到一定的日記厚度，回頭看時，就好像那麼厚的煩惱都已成過去。所以他總是很努力寫，這樣他便可以很快地重新回看自己的過去。他的鬱悶，便在日記的寫作與閱讀過程裏漸漸消解。」[3] 時間將生活片段研磨成大小、重量各異的石頭，待情緒日漸沉澱，有的圓滑如鵝卵石，有的甚至風化湮滅，自然也有沉重巨石揮之不去⋯⋯但當它們全都散落在記憶之中，時間此一關鍵元素發揮了化學作用，我們不知不覺已在過程裏消解了鬱悶，解開了心結。

📌 「『我想，寫作最先吸引我的，正是它可以令我抒解那些悶悶不樂，把某種情緒寫下來，成功寫成一篇作品，那種成功感覺會取代低落的情緒。』」[4] 為人帶來成功感、滿足感的可以是一篇文章，也可以是一道菜、一幅畫⋯⋯能夠轉移視線，分散注意力，則更

---

2 〈阿愁〉，《織》，頁 190。
3 同上，頁 192。
4 同上，頁 193。

易擺脫憂愁，紓鬱解困。發展興趣為我們帶來了甚麼？我付出了甚麼？有何感受？興趣、理想和夢想，有何不同？

🚩 培養興趣、發展興趣的路上，我們遇到志趣相投的同道中人嗎？

③ 創作意念及詞彙工具箱

找到寫作靈感後，便要為文章訂立清晰的切入點和主題，即為文章立意。以下列舉了不同難易度的創作意念，以及在「游老師文章分享」和「搜捕寫作靈感」出現過的實用詞語，同學寫文章時可按自己的程度和喜好參考、選用。平日閱讀的時候，也可以建立自己獨有的詞語庫呢！

創作意念 ❶　難度★

回憶與愛	心靈的觸動	人情的可貴 *	對生活的觀察	對時間的珍惜
成長的轉變	與人相處	面對誘惑 *	面對或處理過失	面對考驗或困難

創作意念 ❷　難度★★

情感的割捨 *	對物事的情意	抉擇與拉扯 *	面對或處理傷痛	面對疾病或死亡
青春回憶或氣息	自我反省與思考	面對恐懼 *	追逐理想 *	希望或意義 *

創作意念 ❸　難度★★★

對生活的追求 *	對生活的質疑	留住生活節奏	關係的建立或消逝	相見的期盼
人性的展現	人生如戲	對社會不同階級的關注或回應	對生命的理解或學習 *	對生命的領悟 *

* 是作者在寫作此篇介紹的主題時曾選用的創作意念

實用詞語庫

有關心情	其他
悶悶不樂 鬱鬱寡歡	出類拔萃 研磨 沉澱 湮滅

4 試試動筆寫

你想寫作時更得心應手嗎？那就要多寫多練習了！同學可參考下列寫作題目，結合生活中累積的寫作靈感，並參考「創作意念及詞彙工具箱」中的創作意念列表，嘗試創作自己的文章，大家可按個人喜好和強弱揀選寫作文體呢！

寫作題目

❶ 我們的興趣

❷ 我的生活很無聊！/？

❸ _____大百科

寫作前想一想

① 這篇文章的最主要訊息是甚麼？

② 文中介紹的興趣是甚麼？有何獨特之處？

③ 這些興趣可有令我改變？例如生活習慣、個性等。

④ 如果沒有這興趣，我的生活會變成怎樣？

⑤ 我希望讀者看完這篇文章後有何思考、感受或啟發？

自我檢查

① 能夠完整表達出我構思的最重要訊息嗎？

② 文句通順嗎？

③ 詳略安排恰當嗎？

④ 有沒有錯別字？

⑤ 有沒有可以刪除或補充的地方？

5 延伸閱讀

① 袁月梅：《漂流少年：香港學生的快樂與哀愁》（香港：突破出版社，2019 年）

② 三浦紫苑著，黃碧君譯：《啟航吧！編舟計劃》（台灣：新經典文化，2013 年）

③ 萊絲莉‧巴克著，沈曉鈺譯：《到京都學剪樹：一把樹剪，三個季節，一段剪掉各種「可是」的學徒之旅》（台灣：遠流出版，2018 年）

④ 茂木大輔著，黃卜慶譯：《樂團也有人類學？：超神準樂器性格大解析》（台灣：有樂出版，2017 年）

能力

　　有時我們面對自己的無能為力，或者力有未逮，會覺得很沮喪、氣餒、無奈，甚至不知所措。種種複雜的情緒、糾結的心情、難解的鬱結，對我們的精神和心情或多或少都有直接的影響，與其刻意不理會這些情緒，倒不如直接面對，比起祈求難題永遠不要出現，何妨盡力建立面對挑戰和困難的正面態度？

　　每個人的能力不盡相同，但即使能力有限，也不一定局限了個人所有方面的發展，誰又能保證我們一輩子都找不到自己最擅長的事？

游老師文章分享

作者
悄悄話

監考是一項定期會出現的工作,期間要聚精會神專注留意學生的一舉一動,以便能作出即時的應對,並盡力時刻保持公平性,所以,監考老師在監考期間都不能處理其他事務。這些漫長的時間,也是思考的好時機,我因為注意到考生們默默耕耘,努力埋頭苦幹的身影而聯想到自己曾經也和他們一樣,大家有各自要面對的難題,也有共同的煩惱。

考試其實是我們的共同課題

＋ 原載游欣妮:《紅豆湯圓》(香港:匯智出版,2013 年)

在監考時思考人生
想像擬題者與答題者的彼此掏空

困在自作的俑內點評批改
在各式紙張上進行填海工程
學習精衛決心
即使未知浩瀚汪洋能否承載新地

擷取監考、批改試卷時的片段,抒發對於考試的感覺,呼應詩題中的「我們」和「共同」。

十點泡的濃茶無法支持到兩點
如果願意相信死線是最穩健的後盾
它必支援你
熬煮一鍋淡淡的夜涼如水

記分冊上一堆感嘆

和感嘆後的省略

夾附的零食是獎勵或是安慰

分別只在用何種語調和文字詮釋

批評的紅筆如刀鋒利

積分、能力和青春削成薄片

按「劃一標準」分佈

合成的產物

或許命名為未來

或許稱之為前途

抒發在考試制度下，需要遵從「劃一標準」來評定一個人的能力的感嘆。

② 搜捕寫作靈感

同學寫作時，可能因為沒有靈感而不知該如何下筆，我們可以一起參考其他作家的作品，精彩的句子和段落都有助激發大家思考。

01 《做自己的生涯規劃師》

＋ 張文彪（香港：突破出版社，2019 年）

　　決定我們人生發展路向的，可能是興趣、能力、學歷、見識等，然而，成就的高低卻不僅限於此。更實際的是，沒有方法、計劃和目標，往往容易使人在不知不覺中陷入泥沼，進退維谷。

〈覺悟了的毅力龜　孫澄〉

📌 「小時候總會想像成年後職業會是甚麼，基於自己對科學的興趣，曾經想像投身科學界，但又覺得『成年』這兩個字，距離自己太遠，倒不如及時行樂、『玩返夠本』。我抱着這種思維，到會考時終於受到教訓，很幸運，這個教訓並不算很大，當時母校收我為重讀生，次年在會考分數僅僅符合標準下升讀中六。」[1] 年少的時候，未曉得青春易逝，總以為有無限的時間可盡情揮霍，結果有時碰釘、摔倒，甚至是自己拿石頭砸自己的腳。我們都曾自覺走過「冤枉路」嗎？路上風光、景致如何？

📌 「我明白要回歸藝術基本，並且應該由自身出發，先去認識自己，了解自己的興趣及能力，才能繼續前進。一旦發現自己是一隻烏龜，應想想何不去參加游泳比賽，為何要跟白兔於賽跑比賽較勁呢？」[2] 發掘自身的興趣，評估自己的能力，突破自我的界限，一步一步循序漸進，會不會更易拉近與目標的距離？

02 《柯瑞平凡中的不一樣：NBA 神射手的 30 段勇氣人生》

＋ 周汶昊（台灣：真文化出版，2018 年）

　　我們不一定是籃球員，但柯瑞的故事也很容易引起我們的共鳴，因為他面對過的挑戰和難關，他克服困難的過程和我們的經歷有許多相似之處，更有許多值得我們學習之處。

---

1 〈覺悟了的毅力龜　孫澄〉，《做自己的生涯規劃師》，頁 119。
2 同上，頁 122。

〈哭笑不得的 20 號球衣〉

📌 「柯瑞曾經穿過二十號，但那不是一種自願自發的嘗試，而是一種哭笑不得的自我解嘲。三十號是柯瑞父親的背號，也是他的認同、他的榮耀和他的目標。若是不能穿上這個號碼，他一定很想哭。而高中時的他之所以不能穿上這個號碼，原因則是讓他想哭也哭不出來。」[3] 在看到柯瑞的父親的形象時，也從柯瑞對自己的要求和期望看見父親對他的影響。

📌 「這件二十號球衣，其實是一個象徵。代表他被人看輕的原因，代表他那總是被人質疑的過去，也代表他一貫證明他人看走眼的努力。而當你像柯瑞一樣，一直被人否定，總是被人質疑，經常被人看輕的話，你會很想哭。這時的你，該怎麼辦？」[4] 我們很難不在意別人的目光，尤其是懷疑、輕視的態度更是穿透心肺，如何可以將這些壓力化為動力，推使自己更進一步，甚至精益求精？

📌 面對各種拉扯和掙扎，甚或否定與質疑，應該如何調整心情，如何自處？

③ 創作意念及詞彙工具箱

找到寫作靈感後，便要為文章訂立清晰的切入點和主題，即為文章立意。以下列舉了不同難易度的創作意念，以及在「游老師文章分享」和「搜捕寫作靈感」出現過的實用詞語，同學寫文章時可按自己的程度和喜好參考、選用。平日閱讀的時候，也可以建立自己獨有的詞語庫呢！

---

3 〈哭笑不得的 20 號球衣〉，《柯瑞平凡中的不一樣：NBA 神射手的 30 段勇氣人生》，頁 158。
4 同上。

創作意念 ❶　難度★

回憶與愛	心靈的觸動	人情的可貴	對生活的觀察	對時間的珍惜
成長的轉變	與人相處	面對誘惑	面對或處理過失 *	面對考驗或困難 *

創作意念 ❷　難度★★

情感的割捨	對物事的情意	抉擇與拉扯 *	面對或處理傷痛	面對疾病或死亡
青春回憶或氣息	自我反省與思考 *	面對恐懼 *	追逐理想 *	希望或意義 *

創作意念 ❸　難度★★★

對生活的追求 *	對生活的質疑	留住生活節奏	關係的建立或消逝	相見的期盼
人性的展現	人生如戲	對社會不同階級的關注或回應	對生命的理解或學習 *	對生命的領悟 *

* 是作者在寫作此篇介紹的主題時曾選用的創作意念

實用詞語庫

有關性格	有關心情	有關行為	其他
默默耕耘	掏空	及時行樂 自我解嘲 精益求精 較勁	穩健 進退維谷

4 試試動筆寫

你想寫作時更得心應手嗎？那就要多寫多練習了！同學可參考下列寫作題目，結合生活中累積的寫作靈感，並參考「創作意念及詞彙工具箱」中的創作意念列表，嘗試創作自己的文章，大家可按個人喜好和強弱揀選寫作文體呢！

寫作題目

① 做得到？做不到？
② 掌聲
③ 再加把勁！/？

寫作前想一想

① 這篇文章的最主要訊息是甚麼？
② 我對自己有何看法？

③ 我最值得欣賞之處是⋯⋯
④ 我可以做得更好的是⋯⋯
⑤ 我希望讀者看完這篇文章後有何思考、感受或啟發?

自我檢查

① 能夠完整表達出我構思的最重要訊息嗎?
② 文句通順嗎?
③ 詳略安排恰當嗎?
④ 有沒有錯別字?
⑤ 有沒有可以刪除或補充的地方?

 ⑤ 延伸閱讀

① 侯文詠:《我的天才夢》(台灣:皇冠文化出版,2016 年)
② 幾米:《我不是完美小孩》(台灣:大塊文化出版,2010 年)
③ 林曉鋒博士:《不一樣的傑青》(香港:深心出版社,2016 年)
④ DaiGo 著,高宜汝譯:《專注力就是你的超能力:掌控自我、提升成績的 18 個學習武器》(台灣:方智出版社,2017 年)
⑤ 安德斯·艾瑞克森、羅伯特·普爾(Anders Ericsson, Robert Pool)合著,陳繪茹譯:《刻意練習:原創者全面解析,比天賦更關鍵的學習法》(台灣:方智出版社,2017 年)

讀寫小錦囊（十三）

只能看多字書嗎？

也許因為我的工作和興趣，經常聽到同學誤會我只喜歡讀多字書，甚至聽聞同學說我看的書全都像枕頭那般厚！想鍛煉寫作技巧或發掘創作題材的話，只能看多字書嗎？這真是個美麗的誤會，其實長篇、短篇、漫畫、繪本……各種體裁的作品我都會讀。

除了興趣，也會視乎自己的精神和體力來選擇閱讀材料。對我而言，閱讀不同的材料時我會有不同的學習目標，例如看漫畫，我會用來練習設計人物對話、互動和構想情節；閱讀繪本的話，我喜歡用來考驗自己細緻描繪場景，或善用想像力，續寫、重寫故事情節；讀小說除了拆解情節，也會分析結構；看散文會盡力篩選出文章的主要訊息。

每一種體裁的作品都能發掘到學習的地方，最重要是能夠平衡，不獨沽一味，才算最好不過啊！

第 5 章

時光穿梭機

過去

　　對於年紀尚幼的人而言，面對新鮮事物，不但開闊了眼界，亦滿足了好奇心，回想童年時的經歷，或許都發現不少難忘的、深刻的片段。只是，時代變遷、環境變化日新月異，有時記憶亦會隨時間模糊、淡化，甚至消逝至不留痕跡，如果可以善用文字記下曾經觸動自己的經歷，也是一種留住時光的方式呢！

　　除了童年有難忘經歷，有時我們也不自覺為回憶往昔的美好或辛酸而百感交集觸動心神，或心神盪漾，或黯然神傷。舊日時光真的特別美好，特別教人陶醉嗎？事實或許未盡然，不一定因為從前過的是苦日子，所以不堪回首，反倒是因為年月漸長，猛然發現年少輕狂，輕易對人對事上心動情動氣，才會覺得一切感覺都特別深刻，特別有份量。

　　歲月無情，卻也有情，能留下來的真正的銘心刻骨，有甘甜，也有傷痛。在沉重生活裏刻意演化出的輕巧，都是零碎的拼圖，不完整的一小塊，又一小塊，逐漸還原人生的不同稜角和面貌。

游老師文章分享

作者
悄悄話

小時候跟隨爸爸媽媽回故鄉探親遊玩，接觸的事物和生活模式、觀察到的地方特色和文化都相當有新鮮感，部分記憶雖隨年月褪色，但有些畫面在多年後仍難以忘懷，於是，趁還有記憶，即以之成文，讓記憶用另一種形式保存，期盼他日回望，趣聞往事仍鮮活如昨。

童年回憶偶拾

＋ 原載游欣妮：《摵時的餐桌》（香港：突破出版社，2016 年）

　　媽媽小時候曾在幾個地方居住，其中一個地方是廈門。我對此地不太熟悉，但有限的踏足卻也讓我留下了深刻的片段。

　　小學時期到訪廈門，座落我印象至今的那幢房子，聽說並非媽媽的童年舊居。故居的模樣，相信在媽媽的印象裏也相當模糊了，畢竟在那兒住的日子不多。我所看到的房子，是已經因為火災而翻新過的了，所以看起來一點古老味兒都沒有。那是一幢兩層高的房子，閒來無事我們便在兩層樓之間梭巡，活蹦亂跳。房子的設計對我們來說是相當新奇

簡介媽媽的舊居的基本結構，突出其獨特之處。

的，不單因為它有兩層，更因為它的廚房和浴室是和房子分開興建的，成為房子對面的兩個相連的獨立小室。在廚房裏炒菜做飯的時候，會聽到以小盆子勺水淋浴嘩啦一下緊接卻隨即流逝的水聲；在浴室裏梳洗，又會嗅到陣陣飄來的烹煮、調味的濃香。

洗手間呢？離家約莫十步之遙，有個頗陰森駭人的洗手間。對於我們這種習慣在城市生活的小孩子而言，那「洗手間」簡直是可怖的會吃人的無底洞。灰黑石頭堆成的「洗手間」絕對的簡陋，小小的空間沒有熟悉的抽水馬桶，只有地板上一個目測挺粗糙的寬闊洞口，洞的兩旁有兩塊稍稍突起、長方形狀的墊腳石，上有亂中有序的紋理，像我們的鞋底。蹲下去，只見洞口下是深不可測的汪洋，這豈不活脫脫是個無底洞嗎？假使那小塊只夠遮蓋半個人的似要腐爛的木板是門，只會令人更添煩惱。畢竟孩童個子小，蹲下去再關上門的話，別人稍不留神伸手一推……如此設置，與粉刷得光鮮的房子格格不入，不但令童年無知的我極為費解，也相當驚恐。如非必要，實在不想，也不敢走進去。無奈的是，那是個非去不可的地方。

初次踏入這如古裝劇裏的「茅廁」的地方，我鼓足了勇氣，打醒十二分精神，只怕不慎滑倒，落入洞中。是恐懼掩蓋了空間感嗎？我竟到後來才發現其實要身軀徹底穿過洞口不是易事，慶幸就算太遲才領悟這「真

仔細描寫令人印象深刻的洗手間，並流露對這個有特殊設計的洗手間的惶惑。

記述逐漸克服對洗手間的恐懼，以及嘗試接受生活習慣的轉變的經過。

相」，終於還是能放心了一點。可每回進去，仍舊精神緊張地跟緊鞋子，生怕鞋子會掉進茫茫汪洋裏，步伐也小心翼翼，怕即使穿不過洞口，摔個渾身髒兮兮也夠苦惱。要是入夜後要上廁所更麻煩，不喚大人提燈相伴，簡直是不可能的任務。只是，到了深夜我們不願意上洗手間，懼怕的倒是另一些事了。這一回，我又明白並接納必然存在於每個房間裏的便桶了。當然，還是會暗自祈求夜半無人會醒來用便桶，祈求沒有異味徹夜相伴相守。

　　從嚇人的洗手間走出去拐個彎，便可看見海。鄉間地方大，開揚的環境為我們提供了不少遊樂的地方。海邊一片空地，已可讓我們玩個不亦樂乎。隨地挑選小石塊或碎磚，拉直手臂往前一甩，手上的石子旋即飛入海中，激起小小的水花。「咚」的一聲清脆俐落，勾起我天馬行空的無限聯想。世界上有多少個無底洞廁所？人們「辦大事」的時候，糞便唏哩嘩啦地直往海洋奔去，也有接二連三的「咚、咚、咚」嗎？一望無際的浩瀚大海裏，無數魚兒暢泳，牠們曉得迴避嗎？牠們走避得及嗎？牠們挑食嗎？在覓食時懂得篩選，去蕪存菁嗎？如果不，那麼……我盡力克制自己的思緒和無邊如汪洋的想像，專心和妹妹一起找尋石子去。那邊垂釣的老翁繼續垂釣，年青人繼續用力把魚鈎拋入大海。

　　媽媽好像說過海邊有火車路軌，偶爾會

想像與現實交錯，記述兒時玩樂的情景。

有火車停靠在此。媽媽真的有這樣說過嗎？那兒真的有路軌嗎？關於這兩點，我的印象至為模糊。極力思索之下路軌若隱若現，矇矓中細細碎碎的石子路凹凸不平，然而，這一切都是回憶虛無的自行建構嗎？還是不去求證好了，就把它當作童年一節滿有趣味的、疑幻似真的、卡通化的想像。

再跑遠一點又拐個彎，更大的空地兩旁有巨大的建築物，唯一在我腦海裏留守至今的只有一家門面深啡得接近黑色、油漆斑駁剝落、樓底非常高的雜貨店。是誰帶我們到那兒買零食的呢？沒有電視畫面上糖果廠的華麗驚艷，純樸的鄉土味自規律地排列在四周和中央的紙皮箱中散發。箱子裏有各種貨物，大概都是些基本的柴米油鹽糧油雜貨吧，我在裏面沒有選中任何一件物品，也許因為我還未曉得那些東西可以用來做甚麼。妹妹遞來一包小小的東西給我看，綠色的包裝袋上有個透明的小窗口，半透明帶點白色的小方塊聚在一起，像一包晶瑩剔透的寶石，深深吸引住妹妹的目光，叫她神往。最後，我們就只買了這小包寶石冰糖。

接下來的旅程，這包晶石都穩穩妥妥的藏在妹妹的口袋中，間中掏出來，一人一顆，甜甜的滋味漫遍口腔，半天不溶化。

摩挲童年回憶的碎片，如妹妹手中那包叫人珍而重之、愛不釋手的冰糖顆粒。提煉過、打磨過的結晶稜角分明，某些角度看上

描寫記憶猶新的建築物和記敘童年難忘往事。

返回現實，借用冰糖的特質抒發對往昔的懷緬之情。

去很模糊，轉一轉，扭一扭，從另一個方向看過去，又有清澈澄明的稜面透光。放進口裏，晶石慢慢溶化的過程，甜甜的味道滲出。在舌尖上翻來覆去的結晶如寶石，含蓄地透出明亮的光，輕柔地照亮童年記憶中經歲月打磨過的零星碎片。

2 搜捕寫作靈感

同學寫作時，可能因為沒有靈感而不知該如何下筆，我們可以一起參考其他作家的作品，精彩的句子和段落都有助激發大家思考。

01 《我地東北鄉村學》

＋ 急急子（香港：日閱堂出版社，2015 年）

對年青人而言，「返老還童」一詞或太遙遠，但和身邊的長輩溝通，聆聽他們分享童年往事，無論趣味無窮或艱苦辛酸，可會發現他們也有孩子氣的一面？

〈粉嶺北　艦長教了哥講粗口〉

🔖「明哥的笑聲，很有感染力。跟他談童年，可以感受到，當年的快樂，仍然感染着今天的他。快要六十歲，明哥形容自己：『有少少童真。自己有啲童真仲未走，黐喺個腦度。』而仍然擁有童真的，不止他一人：『而家同村民講嘢，成班老人家講晒啲童真出嚟，講以前打交、捉鴨、游水、捉魚、跳水，係屬於農村嘅童真，好回

味以前嘅生活。』」[1] 長輩話當年，沒有電子產品，甚至連自製玩具都沒有，但也不減他們的快樂，一群兒童相聚，在山間田野、大街小巷耍樂，享受最簡單純粹的快樂。回看今天，帶給我們快樂的泉源是甚麼？我們想不想體驗從前那種並非來自物質滿足的快樂？

🚩 別人的童年和我的童年，有哪些異同？童年一去不復返，哪些經歷令我印象難忘？

02 《豐子愷童話集》

+ 林文寶編（台灣：洪範書店，1995 年）

孩子用誠懇、純真的童稚眼光看世界，豐富的想像力和創作力使他們視萬事萬物俱有生命，對萬事萬物都賦予真情。

〈有情世界〉

🚩 「我笑的是他和你。你們兩人一樣。你替凳子的腳穿鞋子，同泥娃娃討相罵，給枕頭吃牛奶。這位宋朝的大詞人辛棄疾，就同你一樣，他同松樹講話，你看。」[2] 想更具體地呈現細節，用畫面說故事，專注視察，靜觀世界，用心感知，掌握書寫對象的特質並加以聯想也是可行的方法。

🚩 「阿因聽了，很奇怪。他張大眼睛想了一回，也笑起來。他的笑是表示高興。他想：大人們都說我癡。誰知大人們也是癡的。他們的癡話還要印在書上給大家看呢。自今以後，如果再有人說我癡，我就可回駁：『你們大人也是癡的，有辛棄疾的書為證。』」[3] 善用擬人，把人的特徵、行為、思想、情感等施加於物件之上，不但令文章更活潑，也能借助物件之口，婉轉地表達心聲。

---

1 〈粉嶺北　艦長教了哥講粗口〉，《我地東北鄉村學》，頁 62。
2 〈有情世界〉，《豐子愷童話集》，頁 105。
3 同上，頁 106。

3 創作意念及詞彙工具箱

找到寫作靈感後，便要為文章訂立清晰的切入點和主題，即為文章立意。以下列舉了不同難易度的創作意念，以及在「游老師文章分享」和「搜捕寫作靈感」出現過的實用詞語，同學寫文章時可按自己的程度和喜好參考、選用。平日閱讀的時候，也可以建立自己獨有的詞語庫呢！

創作意念 ❶　難度★

回憶與愛 *	心靈的觸動 *	人情的可貴 *	對生活的觀察	對時間的珍惜 *
成長的轉變 *	與人相處	面對誘惑	面對或處理過失	面對考驗或困難

創作意念 ❷　難度★★

情感的割捨	對物事的情意	抉擇與拉扯	面對或處理傷痛	面對疾病或死亡
青春回憶或氣息 *	自我反省與思考	面對恐懼	追逐理想	希望或意義

創作意念 ❸　難度★★★

對生活的追求	對生活的質疑	留住生活節奏 *	關係的建立或消逝	相見的期盼
人性的展現	人生如戲 *	對社會不同階級的關注或回應	對生命的理解或學習 *	對生命的領悟 *

* 是作者在寫作此篇介紹的主題時曾選用的創作意念

實用詞語庫

有關外貌	有關心情	有關行為	其他
陰森 髒兮兮 驚艷 純樸 晶瑩剔透	費解	小心翼翼	駭人 格格不入 清脆俐落 去蕪存菁 若隱若現 疑幻似真

 4 試試動筆寫

你想寫作時更得心應手嗎？那就要多寫多練習了！同學可參考下列寫作題目，結合生活中累積的寫作靈感，並參考「創作意念及詞彙工具箱」中的創作意念列表，嘗試創作自己的文章，大家可按個人喜好和強弱揀選寫作文體呢！

寫作題目

① 坐上時光機，我想……
② 回到兒時那一天
③ 再聽兒歌

寫作前想一想

① 這篇文章的最主要訊息是甚麼？
② 文中記述了哪些事情和經歷？

③ 這些事情和經歷對我有何影響？

④ 我抒發了哪些情感？

⑤ 我希望讀者看完這篇文章後有何思考、感受或啟發？

自我檢查

① 能夠完整表達出我構思的最重要訊息嗎？

② 文句通順嗎？

③ 詳略安排恰當嗎？

④ 有沒有錯別字？

⑤ 有沒有可以刪除或補充的地方？

5 延伸閱讀

① 鍾怡雯：《垂釣睡眠》（台灣：九歌出版社，2006 年）

② 曹綺雯：《愛有多深》（香港：匯智出版，2020 年）

③ 丁新豹：《香港歷史散步》（香港：商務印書館，2008 年）

④ 邱健恩：《千面樂園：我們的兒童樂園》（香港：中華書局，2020 年）

⑤ 陳美怡：《校服歲月：圖說香港校服史》（香港：中華書局，2019 年）

讀寫小錦囊（十四）

中學生還看繪本？

　　看到我介紹繪本或童書，大家或會好奇是否適合中學生程度？有這疑慮是可以理解的。如果純粹當作兒童故事書來讀，對中學生而言的確有點太淺易，但換個目標和用途，用來做寫作題目的材料，便有意想不到的效果。

　　許多繪本都非常精美，畫風、色彩、設計等各有特色，賞心悅目呢！我會給自己安排寫作功課，有時我會用繪本來設計練習，例如練習描繪畫面、也鍛煉自己的想像力，借用繪本的圖畫創作全新的故事段落或結局，有時更會邀請同學就繪本內容設計活動，鼓勵大家更深入理解、思考故事，激發同學的創意思維。

當下

　　活在當下——我們常聽到的一組詞語，然而，知易行難，即使我們明白活在當下的意思，但真正能實踐的時候又有幾多？有時，甚至會因為覺得生活日日如是，無論求學或工作，都有不少重覆、刻板的「步驟」，令人感覺麻木。

　　要在平常、平靜、平淡的生活中尋着驚喜、得着領悟，談何容易？若抽離一點，退後一步認真、用心觀察和感受自己的生活，可會是不錯的方法？

1 游老師文章分享

作者
悄悄話

不知不覺間，教學日子漸已不短，每年都有學生畢業，也有一批新的學生入學，學生面孔、課程的轉換彷彿定理，而且，當轉變成了常態，似乎也習以為常，但正因為與每一屆、每一班任教學生相處過，才會有喜怒哀樂百感交集。無論工作崗位上面對何種變化更迭，能夠見證、陪伴、同行，一起成長，就是難能可貴的不變的師生情誼，也是作為老師的滿足、安慰和鼓勵。

模糊終點

＋ 原載游欣妮：《眼紅紅》（香港：突破出版社，2019 年）

圓圓老師放下話筒的時候，時針早已越過 8 字，直挺挺地用最尖銳的部份抵着 9 字那不願變長的尾巴。

「又一個必須到了深宵才能入睡的夜晚了。」圓圓老師一邊把今早中五文學課收回來的大疊作文放進手提袋一邊喃喃自語。這是她最愛批閱的習作，也是常教她為之氣結的習作，因為偶有她期待的寫得用心的精彩情節和動人故事，雖然更常見的是令人生氣

記述日常工作情況和生活面貌。

踝腳的佈局情節 —— 如為了扣題而每段安插一句「你還好嗎？」，不管情狀細節是否相配合；又或是陳套的橋段如撞車或重病配昏迷套餐，主角悔不當初羞愧自責內疚嚶嚶啜泣潸然落淚 —— 神奇的淚水必然滴在緊執的手，昏迷者必然馬上甦醒……每每讀到這種情節，圓圓老師都覺「夭心夭肺」。看到放在最上面的一篇文章，分數欄上已用藍色原子筆寫了「100」，旁邊還畫了幾個不知名的公仔。「不曉得這次又要死了誰，要死多少人才罷休了。」圓圓老師猛地想起甚麼，趕緊在抽屜裏掏出兩支全新的紅筆芯塞進手袋裏 —— 昨晚在夜間進修的歸程上幸運地在半途中遇到懸空的座位，環顧四周又恰恰沒有看起來極需要一座位以歇息的人，圓圓老師甫坐下便立即繼續手上的批改工作，把功課袋放在大腿上正好權充迷你桌面，這種大小用來批改不用翻頁的工作紙剛剛好，不必怕動作太大碰撞到鄰座乘客。豈料改不了兩份，紅筆竟然沒有墨水了，抽出手袋裏另一支備用紅筆，卻發現墨水自筆尖漏出，整個筆袋都給沾上一大片鮮艷霸道的殷紅，在明亮的橙色筆袋上顯得分外刺眼突兀。既然沒有工具，又碰巧有空間，冷不防睡意一下子就放肆地流瀉。放肆得當圓圓老師張開眼時，列車已駛至總站，嘟嘟嘟嘟響着提示乘客它正準備重新啟程，提醒乘客它勤快敏捷得一刻都不躲懶，繼續在那無論起點和終點都模糊的

旅程上來回折返。在這冷漠的機械聲響的提醒之下，圓圓老師睡意全消，倏地站起來，警覺地準備隨時下車，生怕瞌睡又會「自把自為」地把她送到另一頭總站。這種經驗，她不是沒試過。

多年之間這種生活重複，雖然工作內容、課程、崗位等年年更迭轉變，學生也一批一批地「換人」，圓圓老師仍自覺教學生活大抵如列車一樣在無論起點和終點都越見模糊的旅程上來回折返，慶幸她仍享受每個階段與一班新的學生同在求學路上跌碰、較勁、緩步跑（少不了在落後時吃力地快跑），享受每個階段都能經歷到大同小異的、層出不窮的百感交集……

抒發因日常生活中的變與不變而生的複雜情感。

這一年，一個讀中學時頑皮的猴子在異地取得學位了，畢業前一星期告訴圓圓老師他將要畢業，已請家人把當年圓圓送給班上每位同學的麵包超人畢業公仔帶過去和他一起畢業。看着信息，圓圓頓覺滿心感動，驚喜萬分。

記述因為學生畢業而回憶往事，流露工作帶來的滿足和喜悅。

畢業典禮當天，高大神氣的猴子傳來穿起畢業袍，戴着四方帽，摟着爸爸媽媽肩膀的畢業照片，三人都笑逐顏開；又傳來精神奕奕地拿着麵包超人拍的照片。屈指一算，這猴子中學畢業已四年了，圓圓老師想不到當天小小一個毛公仔竟保存至今，小小一個毛公仔竟可飄洋過海相伴頑皮搗蛋的小伙子畢業，見證他生命裏的重要時刻，內心感動

與驚喜湧動。

提到當日種種片段，圓圓仍禁不住笑言從前常常與這小伙子的家長聊天，談談他令人多頭痛、有多硬頸「百厭」。到他大學畢業的這天，信息中字裏行間短短幾句話已看出他的學習和成長，尤其對父母的感念與愛顧，可以肯定比當天穿着中學校服的時候更厚更深。圓圓總是相信，沒有甚麼比終於能從心底感悟到父母真切的愛並曉得要用餘生來回應珍貴。

「多謝你中五中六咁比心機教我同其他同學，你冇白費心機，今日我畢業啦！」圓圓衷心希望猴子知道她從未覺得、也從不相信當天的一切是白費心機，她也一樣為能夠成為E班人的一份子而驕傲，也感謝E班猴子在她的教學道路上留下這重要的、無法取代的一頁。圓圓越來越覺得教學路的起點和終點都越趨模糊，並不只因為看不見工作的盡頭，更重要的是有感每與一屆學生新相識，未必第一天就能教育他，更可能數年師生相稱，仍未能真正彼此學習，或教授、培育他。然而一旦這教與學的長途展開，關係和情誼也不一定因某一階段的畢業而終止，有時甚至可以發展成畢生牽繫，不常相見，相見就細數當年。只是單方面的努力和付出，總難以成就能持久維繫的情誼。假使猴子不願意着緊，任她多努力也徒勞無功，而人生徒勞無功的事多着呢！

回顧教學生涯，並抒發對師生之情的珍惜。

如果說這麵包超人別具意義，這趟越洋旅程就令他意義倍添。感激猴子對這份師生情誼的惦念，即便圓圓老師未能親赴典禮現場見證此重要時刻，她仍滿懷深深的祝福，期待明年看到猴子穿起碩士袍，捧着麵包超人，摟着爸媽肩膀的畢業照。

圓圓深信，她的麵包超人仍會繼續在書櫃裏陪伴她，陪伴她走過漫漫的，起點和終點都日漸模糊、淡化的教學長路。

2 搜捕寫作靈感

同學寫作時，可能因為沒有靈感而不知該如何下筆，我們可以一起參考其他作家的作品，精彩的句子和段落都有助激發大家思考。

01 《關於人生莎士比亞的神回覆：來自莎劇的 105 個經典語錄》

＋林楸燕、倪志昇合著（台灣：悅知文化出版社，2016 年）

摘自名人或經典的名言警句，像濃縮的精華，有時為人帶來靈光一閃，腦海閃過突然而生的想法，有時又使人靈機一觸，有了突如其來的領悟。

〈做最壞的打算，也為美好而期待〉

🚩 「有備無患。The readiness is all.」[1]

🚩 「儘管我們無法掌握未來即將發生的一切，那麼，我們該做的就是提前做好準備。只要誠實地面對現實，並思考如何因應問題，那麼，就算事情終究無法迎刃而解，也不致於帶來太大的衝擊。」[2]
懷抱最好的期望，也做最壞的打算，那麼即使當願望落空難免失落的時候，情緒起伏的波濤也不致太洶湧。

〈凡事只要習慣了就好，習慣都是從不習慣開始的〉

🚩 「習慣是惡魔也是天使，無論好壞，皆能積久成習。That monster, custom, who all sense doth eat of habits evil, is angel yet in this, That to the use of action fair and good.」[3]

🚩 「用自己熟悉的方式過日子固然輕鬆自在，但卻也喪失了學習新知與自我成長的機會。『凡事只要習慣了就好』只不過是逃避的藉口，若想要豐富自己的人生體驗，就應該勇於接受挑戰，離開熟悉的舒適圈。」[4] 要培養一個習慣不難，但要培養一個習慣也比摧毀一個習慣難太多了。

🚩 在培養習慣上，我們嚐過哪些苦頭？最後如何突破關口？

02 《生命與味覺》

＋ 辰巳芳子著，陳心慧譯（台灣：積木文化，2019 年）

　　讀到這本書的其中一些句子，我瞬間感到共鳴，因為我向來不習慣，也沒有天份憑靈感寫作。

1 《關於人生莎士比亞的神回覆：來自莎劇的 105 個經典語錄》，頁 333。
2 同上，頁 335。
3 同上，頁 330。
4 同上，頁 332。

〈突發奇想和靈感的不同〉

🖋 「另一方面，靈感指的是累積感應力，並經過龐大的練習後才能具備的能力，就好像是清水一般，特質近似於通過地殼的水。雖說要龐大的練習，但不是只要單純練習即可，重點在於分析。」[5] 原來我們一直以為的靈感，其實是日積月累的有目標的練習，相信這話對同學亦是當頭棒喝的提醒。

🖋 「見聞的事物、感受的事物、經歷的事物，也就是將充分使用感應力所累積的一點一滴進行分析與分類，當做資料收藏。充實這些『經驗檔案』，需要的時候可以立刻拿出來用。這就是直覺。」[6] 寫作的時候，我們很容易不小心依賴靈感，到提筆猶豫，遲遲未能下筆時，又覺得靈感不可靠……原來只要積累經驗、自我訓練，要培養直覺，是有可行辦法的。

🖋 平日讓我們靈感如泉湧的是甚麼？日常生活裏最平凡、乏味的是甚麼？最有趣、吸引我注意的是甚麼？

③ 創作意念&詞彙工具箱

找到寫作靈感後，便要為文章訂立清晰的切入點和主題，即為文章立意。以下列舉了不同難易度的創作意念，以及在「游老師文章分享」和「搜捕寫作靈感」出現過的實用詞語，同學寫文章時可按自己的程度和喜好參考、選用。平日閱讀的時候，也可以建立自己獨有的詞語庫呢！

---

5 〈突發奇想和靈感的不同〉，《生命與味覺》，頁 95。
6 同上。

創作意念 ❶　難度★

回憶與愛	心靈的 觸動 *	人情的 可貴 *	對生活的 觀察 *	對時間的 珍惜 *
成長的轉變	與人相處	面對誘惑	面對或處理 過失	面對考驗或 困難 *

創作意念 ❷　難度★★

情感的 割捨 *	對物事的 情意	抉擇與 拉扯 *	面對或處理 傷痛	面對疾病或 死亡
青春回憶或 氣息	自我反省與 思考	面對恐懼	追逐理想 *	希望或 意義 *

創作意念 ❸　難度★★★

對生活的 追求	對生活的 質疑	留住 生活節奏	關係的建立 或消逝	相見的期盼
人性的展現	人生如戲	對社會不同 階級的關注 或回應	對生命的 理解或學習	對生命的 領悟 *

*是作者在寫作此篇介紹的主題時曾選用的創作意念

實用詞語庫

有關外貌	有關心情	有關行為	其他
殷紅 笑逐顏開 精神奕奕	百感交集 羞愧 潸然落淚 惦念	跺腳 歇息	大同小異 層出不窮 徒勞無功 濃縮 靈光一閃 靈機一觸 屈指一算

④ 試試動筆寫

你想寫作時更得心應手嗎？那就要多寫多練習了！同學可參考下列寫作題目，結合生活中累積的寫作靈感，並參考「創作意念及詞彙工具箱」中的創作意念列表，嘗試創作自己的文章，大家可按個人喜好和強弱揀選寫作文體呢！

寫作題目

① 看不見盡頭

② 重新開始？

③ 現在就是最好的時刻

寫作前想一想

① 這篇文章的最主要訊息是甚麼？

② 文中記述了哪些事情和經歷？

③ 這些經歷對我有何影響？

④ 我抒發了哪些情感？

⑤ 我希望讀者看完這篇文章後有何思考、感受或啟發？

自我檢查

① 能夠完整表達出我構思的最重要訊息嗎？

② 文句通順嗎？

③ 詳略安排恰當嗎？

④ 有沒有錯別字？

⑤ 有沒有可以刪除或補充的地方？

5 延伸閱讀

1 陳凌軒、鄭美姿合著:《走過風雨的孩子》(香港:突破出版社,2020 年)

2 香港心理學會輔導心理學部著:《做自己的情緒管理師:20 個負面情緒管理法》(香港:萬里機構,2020 年)

3 艾爾文:《你,很好:接受過去的你,喜歡現在的自己》(台灣:方智出版社,2018 年)

4 渡部楒著,游念玲譯:《開始喜歡我自己:在滿地的碎玻璃中,慢慢重建一顆勇敢自信的心》(台灣:台灣東販出版社,2019 年)

將來

　　面對將來，各人都有不同的情感，或期待，或恐懼，或盼望，或憂慮⋯⋯但無論我們有如何複雜糾結的情緒，未來的一切仍然是難以預計，無可測度的，我們也難免因為想到將來而情緒起伏、心情隨之陰晴不定，患得患失、時喜時悲。

　　未來的未知數太多，是以我們可以想像的空間更遼闊無邊，成長的道路上，有些人會成為我們的模仿、學習對象，他們的經歷啟發、激勵了眾人。閱讀他人的生命故事，我們也可自行代入別人的經歷，加以聯想，在幻想之中得到樂趣、啟發，甚或激勵。何妨把這些多變的內心感受一一寫成文章？

游老師文章分享

作者悄悄話

記得讀大學的時候，有一次創作課上老師讓我們讀詩人鍾國強先生的著名詩作〈房子〉，令我留下深刻難忘的印象。到多年以後，仍不時為〈房子〉一詩觸動，覺得詩中所寫的正正是現實生活的真實寫照，遂以自己的生活經歷和對將來生活的期盼為題材，寫詩一首，抒發內心感受。

再看房子

† 游欣妮著

清晨列車避過高峰的浪湧人潮
狹小的補眠空間算是對睡眠不足最實際
的安慰
推不開的窗外天色隨列車的流動變化
張開眼生活已在窄窄的辦公桌上流瀉

晚間疲憊的眼簾誤以為走進靜音車廂
連接城市眾人生活的網羅嘰嘰喳喳
在門邊的角落摺曲
惦記環保袋裏未成熟的習作簿上紛雜的
符號
流動的新聞按軌跡靠向月台旋即離開

以幾個情景如車廂內的見聞、營營役役工作使得疲於奔命等拼湊出日常生活面貌。

屏幕裏無法承接的上文下理如劣質閱理素材
如果還有空間
或者可以攤開沉默了大半天的免費報紙瀏覽

財政預算案拉開半垂的眼皮
幾行陌生的文字跳過
六十五歲之前變數無窮
觸不及未到三十的痛處
半淘汰的紅簿仔上正負增長只是虛幻的數字
投靠強積金不如入手自製的
不長息不動產

三餐一宿小家庭生活是現實的調子
也是容許無限想像的美好名詞

勤懇踏實的回報是
糧單上的數字剛好多了幾十塊錢
不夠應付一星期最少兩天進修的來回車資
只夠剔除你抽居屋的資格與名字
在綠表白表之間錯覺色盲與字盲
地產廣告傳單上窗戶排得密密麻麻
和列車的窗一樣
恍惚地剪接風景燈火通明卻無法推開

繼續勤懇踏實地追
追如肥皂泡圓滿透亮而不可碰的房子
不如及早在載着你一家過日子的公屋客廳
換一張可大可小的「梳化床」
甜笑說相信這會成為最趕得上潮流的新房

抒發面對生活縱有期望，但仍有憂慮。

感嘆生活中充滿矛盾和拉扯。

流露對將來建立家庭，有安穩生活的美好期望。

早午晚恍惚地串連如營營役役的車卡

幾近落成的新樓盤閃過又消失

從前在大學教室裏看〈房子〉[1]

醞釀過滿腹長長的嗟嘆

今天在狹小的寫字枱上再看

拖出淡淡淚痕似乾未乾

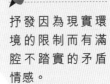

抒發因為現實環境的限制而有滿腔不踏實的矛盾情感。

2 搜捕寫作靈感

同學寫作時，可能因為沒有靈感而不知該如何下筆，我們可以一起參考其他作家的作品，精彩的句子和段落都有助激發大家思考。

01 《晨讀 10 分鐘：生涯探索故事集》

＋蕭敬騰、林美秀、陳建州等合著，陳姝里繪（台灣：親子天下出版，2014 年）

求學時期，尚未步入職場，對心目中的理想職業有遼闊無邊的想像，閱讀不同人的職業生涯故事，能夠了解各行各業的特色，想像當中的樂趣和背後的辛酸。

〈為部落醫療找希望〉

🚩「當了病人之後，我也才體驗到，醫病之間永遠存在不對等的階級關係。醫師開處方、做治療是他例行、賺錢的工作，但對病人來說，任何一個處方和診斷就是改變他生命的關鍵。醫生有沒有體

---

1 鍾國強：〈房子〉，《生長的房子》（青文書屋，2004 年）

會病人的恐慌和無助？當醫生冷冷的告訴病人：『你得了絕症，只剩下幾個月生命。』」試想想，如果聽到這樣的話，病人會有何反應？除了這樣直接說明，可有其他方法？

📌 「病人當然害怕啊，但如果你用溫暖的語氣告訴他：『這段時間我會陪你找到最好的治療方式，跟你站在一起。』也許三個月後病人依舊過世，但至少在他離開人世前，他覺得有醫生的陪伴，一起面對苦難。生病之後我才開始想，醫學除了開發更先進的醫療技術、賺更多錢、更高學術地位之外，還有一種可能：就是重回人性化的醫療。醫療並非醫病行為而已，還有人和人之間的愛和關懷。」[2] 遭逢突如其來的巨變時，恐懼感如龐然巨物牢牢籠罩住脆弱的身體、衰弱的精神、軟弱的心靈，唯有愛與關懷，能使人體會到人情味，並將一切苦難調和、沖淡。

02 《校長畢業了：亦師亦友心底話》

＋ 沈祖堯（香港：香港中文大學出版社，2018 年）

畢業，意味着告別一個階段，同時表示新的里程即將展開。不捨、難忘、興奮、期待……各種心情混和，不一定要統統疏理才能表情達意，逐點吐露心情，細說心語，反而更顯情真意切。

〈你們畢業了〉

📌 「我盼望畢業同學不要將得失看得太重。人生際遇起落不定，個人得失更是無常。付出努力，不一定馬上有收獲；放上心血，不一定會被人欣賞。但沒有付出的成功是虛幻的，沒有磨練的生命是膚淺的。今天失敗，不等於以後也失敗；今天風光，並不意味一輩子也風光。」[3] 因為離開一個崗位、放下某個身份而生的複雜情感，並不因年齡和身份而有所局限，前人的勤勉和經驗分享，我

---

2 〈為部落醫療找希望〉，《晨讀 10 分鐘：生涯探索故事集》，頁 123-124。

3 〈你們畢業了〉，《校長畢業了：亦師亦友心底話》，頁 207。

們未必即時領受，但也會帶來很多啟發。

🔖 「要知道，人的生活質素高低，和物質財富的多寡，沒有直接關係。簡樸的生活，有時會令人活得更輕鬆自如。經過風雨和苦難的洗禮，也許會令我們對生命更有領悟，活得更豁達開朗。我當校長這幾年，也算略經風雨，這些都教我要懂得忍耐，要學會知足。」[4] 如果只單純記下經歷，感情或嫌不夠豐厚，略過學習和得着的話，又似乎不夠全面、完整，要在書寫經歷和得着之間取得詳略平衡固然重要，但如果能夠寫出經歷和感悟之間的關係，甚至影響，必更精彩。

3 創作意念 & 詞彙工具箱

找到寫作靈感後，便要為文章訂立清晰的切入點和主題，即為文章立意。以下列舉了不同難易度的創作意念，以及在「游老師文章分享」和「搜捕寫作靈感」出現過的實用詞語，同學寫文章時可按自己的程度和喜好參考、選用。平日閱讀的時候，也可以建立自己獨有的詞語庫呢！

創作意念 ❶ 難度★

回憶與愛	心靈的觸動	人情的可貴	對生活的觀察	對時間的珍惜 *
成長的轉變	與人相處	面對誘惑	面對或處理過失	面對考驗或困難

---

4 同上。

創作意念 ❷　難度★★

情感的割捨	對物事的情意	抉擇與拉扯 *	面對或處理傷痛	面對疾病或死亡
青春回憶或氣息	自我反省與思考 *	面對恐懼	追逐理想 *	希望或意義 *

創作意念 ❸　難度★★★

對生活的追求 *	對生活的質疑	留住生活節奏 *	關係的建立或消逝	相見的期盼
人性的展現	人生如戲 *	對社會不同階級的關注或回應	對生命的理解或學習 *	對生命的領悟 *

＊是作者在寫作此篇介紹的主題時曾選用的創作意念

實用詞語庫

有關行為	其他
嘰嘰喳喳嗟嘆	洗禮

④ 試試動筆寫

你想寫作時更得心應手嗎？那就要多寫多練習了！同學可參考下列寫作題目，結合生活中累積的寫作靈感，並參考「創作意念及詞彙工具箱」中的創作意念列表，嘗試創作自己的文章，大家可按個人喜好和強弱揀選寫作文體呢！

寫作題目

1. 十年後的我
2. 時光隧道
3. 未來世界可能會⋯⋯

寫作前想一想

1. 這篇文章的最主要訊息是甚麼?
2. 文中記述了哪些事情和經歷?
3. 我對將來有何期望和想像?
4. 我抒發了哪些情感?
5. 我希望讀者看完這篇文章後有何思考、感受或啟發?

自我檢查

1. 能夠完整表達出我構思的最重要訊息嗎?
2. 文句通順嗎?
3. 詳略安排恰當嗎?
4. 有沒有錯別字?
5. 有沒有可以刪除或補充的地方?

5 延伸閱讀

1. 東野圭吾著,王蘊潔譯:《解憂雜貨店》(台灣:皇冠文化出版,2018 年)
2. 吉竹伸介著,許婷婷譯:《未來是這樣嗎?不一定啊!》(台灣:三采文化,2019 年)
3. 佐藤真一著,李友君譯,北川夏繪:《老爸老媽到底在想甚麼?:了解老人家症頭背後的原因,再也不覺他們難搞。讓你笑中帶淚的高齡心理學。》(台灣:大是文化,2019 年)

讀寫小錦囊（十五）

創作意念用不完……

很多同學看到「創作意念及詞彙工具箱」的部分，或會疑惑：有三十個創作意念那麼多，我要每一個都寫嗎？不瞞大家，其實我也曾有過同樣的疑惑，而且更重要是必須明確說明：創作意念並不只三十個。這三十個算是在閱讀和寫作的時候，相對常見和常用。排列成列表，只為方便同學在寫作之前提醒自己：在寫作之前構思內容和主題的時候，選定創作意念，有清晰的目標和脈絡，文章的方向和訊息便更明確。

很多時候，我們甚至發現自己會對某幾個創作意念特別感興趣，或者寫得特別稱心，特別得心應手。平日練習的時候，如果想試試自己適合哪一種題材？或寫得比較純熟？不妨每個都試試，因為題材有限，但創意無限。也不一定每次都要寫一篇長篇大論的文章，可以先構思，若是構思的時候已發現搜索枯腸，就換一個意念再試試，不斷循環，篩選出自己常用的、慣用的、發揮得最好的創作意念。到考試或真正寫作文章的時候，就選自己熟悉的意念、喜歡的題材來寫。

總括而言，重覆選用某幾個創作意念，其實一點問題也沒有的。我的經驗是：經歷持續的練習之後，發現不自覺常常圍繞某幾個主題和某幾個創作意念來寫，這反而令我更認識自己，原來日常生活裏吸引我的是這些話題、這些人。於是，當我想嘗試新題材的時候，可以無後顧之憂地放心試，當我想在自己關注的事物上寫得更好時，可以收窄範圍，加倍用心鑽研，這倒是更不錯呢！

第 6 章

讀遊大世界

交通工具

交通網絡將世界各地連結一起，像一張大網，把許多地方都納入其中，有時可以直達目的地，有時需經一番轉折、接駁。路程的長短，與旅途的精彩程度並無直接關連。在公共交通工具上，有人選擇放眼觀賞車窗外流動的風景、有人喋喋不休交談、有人翻揭報章或書頁、也有人決意低頭聚精會神於手上的手提電話……

交通工具上的眾生相、在各種交通工具上發生的事情、有關交通的新聞、文化……不論關乎自己或是與旁人有關，都可以成為文章中的故事場景。偶爾我也會悄悄觀察別人的行為，當聽到別人高聲說話，我也「八卦」地「側耳傾聽」別人的談話內容，說不定會開展自己的無限想像呢！

游老師文章分享

作者
悄悄話

寫這篇文章的時候，我剛離開了自己生活了許多年的地方，搬到一個非常陌生的社區居住。每個要上班的日子，花在交通上的時間超過兩個半小時，天未亮我就得起床梳洗準備上班，下班回到該區之後，天已全黑。而且，因為對生活上的許多轉變都不太習慣和適應，以及掛念從前的生活，有時感覺孤單和憂傷。不過，我還是慶幸在這些往來的車程上，有機會遇上友善的陌生人。

車程

＋ 原載游欣妮：《另一種圓滿》（香港：突破出版社，2018 年）

我從前很少搭巴士，只要鐵路可達的地方，我都選鐵路，即使慢一點。但是，這大半年開始，上班的時候必須要搭乘巴士了。

徒步到鐵路站要約二十分鐘路程，轉兩次車，搭三條線後下車了還要走二十分鐘，或再坐一程短途巴士。這些轉折，都不是問題。最關鍵的是地鐵首班車五點五十九分才開出，坐巴士的話，六點我已經在公路上了。要是再幸

交代背景，略述改變乘搭交通工具的習慣的原因。

運一點，還可以在搖晃中小睡一會，稍稍補眠，讓一整天的課堂有加倍精神的開始。

初次搭乘這路車的時候，有過很不愉快的經歷。那天是首次搭111線上班，佇立巴士站等車的時候，天還未亮，只感到無比的不習慣，無比的孤單。候車隊列中疏疏落落的人大部份都上了年紀，有的還拉着購物車。這麼早，是要去天光墟嗎？然而我並不知道附近有沒有天光墟。上車的時候，我對車長說了句早晨，未有得到回應，大概是有點反應不過來吧，就像對生活的改變，我有點反應不過來。

借記述第一次搭乘某路線巴士時的不愉快經歷，抒發因未能適應生活轉變的孤單和感傷。

嘰哩呱啦的交談聲在轉車站戛然而止，又換成另一些嘰嘰喳喳的交談。窗外陰暗的風景飛快流過，一切都那麼陌生，那麼生疏。雖然不曉得要多久才適應在這社區生活，只是，總是要適應的。那一程車，我連眼睛都不敢闔上，生怕睡得太沉會錯過了下車站。始料未及的是，我終於還是錯過了。車長冷漠地說：「你沒按鐘。」聽到下一站的站名，我根本不知道是甚麼地方，趕緊查看路線圖，唯有在再後一站下車，雖然遠一點，但至少認得路。「沒按鐘」的說法令人不忿，因為這是我第一天坐這班車上班，加倍的緊張和注意讓我可以百分百確定自己按了鐘，而且火紅色的燈分明亮着，怎麼可能沒

按鐘呢？

　　滿肚子的鬱結沉積，像肩上沉甸甸的功課袋。是因為下層只剩一個乘客，所以不慎「飛站」嗎？從前不用趕遠路上班的日子多好啊，就是要獨行，也不似如今孤伶伶。

　　後來又飛過一次站，下車後走回學校的路上，我想到：班務時間也許可以分享一下坐巴士的經歷吧。記得有一次因為不認得路去錯了車站，當時是要到陌生的地方，如今卻是從陌生的地方坐車到熟悉的地方。那次就在我急匆匆的時候，剛好有 000 號車駛到，偏偏電子顯示牌上標示的總站是 S 區。在 S 區車站看見往 S 區的車，着急了，只好揮揮手打招呼請車長開門。

　　「請問去 T 城嘅 000 號車要喺邊上車？」

　　「你去邊？」

　　「我想去 TT 商場。」

　　「就係呢架！快！即刻上車，我車你！」我趕緊登車，掏出八達通，司機飛快彎身一掌按住卡機：「唔好嘟卡！」我嚇一跳，來不及反應。此時巴士已轉入 S 區廣場站頭，下層車廂原來空空如也，難怪剛才沒有人等車，車長也沒開門。到了總站，車長說：「向前跑幾步，要快，上 000P，第一站就係 TT 商場！」我連連道謝，司機更着急地回應：「唔好再唔該喇，快快快！再前面架巴士就

記述另一次搭乘某路線巴士時的經歷，抒發感恩能遇上樂於助人的司機。

係！」我跑了幾步，果真有 OOOP，跳上去，竟馬上關門開車了。我恍然明白為甚麼剛才那位車長一直趕我要快快快了。

遇上爽快好人車長，我卻忙亂得來不及看看他的名字，只能稱他好人車長，默默祝福他也像我一樣，萬一落入亂局裏，也能碰到好人。

聽了這事，學生都覺得是特殊例子，鮮有如此樂助的車長。於是我又在另一次班務上分享了搭 111 時最希望遇到一位車長，因為他開車的話，清晨的車廂只開右邊燈，左邊燈唯在靠站時才會亮起。單是這一點，已可看到他對乘客的細心。我總盼望喜歡的座位仍懸空等着我，讓我可在暗了燈的車廂小睡一會，把批改或寫作的時間留給其他亮燦燦的車程。

學生起初不願相信，硬說是車廂燈壞了才忽明忽滅，然後又拋給我一大堆惡劣的親身經驗。是的，沒有人可以不承認，總是有立壞心念的，或言語惡毒的極端例子。而我們也不能在單一片面論斷人，只是當遇到了友善的行動，還是值得牢記於心。

今天，巴士又「飛站」了，不知不覺乘111上班已十個月了。出門的時間不變，下車時的天色卻是從盛夏的明亮草草滑過深秋的清涼，跌入隆冬的暗沉後又再掀起初春的

再記述乘搭巴士時總希望遇上某車長的經歷，抒發對細心的車長的欣賞之情，以及鼓勵學生多留意圍繞身邊的美好人事。

淡薄灰藍。我也總比剛搬來的時候更適應了吧，即使仍然沒怎麼看過「新社區」白天的模樣。出門上班、放學下班，天空老是一片烏溜溜的。但至少到第三次飛越車站，我已不再緊張，也不去跟車長爭辯了。

也許可以小跑步回校，想想如果班務尚有時間，能不能跟他們再談談好人車長袁先生？告訴他們肯定袁先生認得我，因為在我病癒後有天再次登車，袁先生說「一整個星期沒見你呢！」而且，不但上車時會打招呼，連下車的時候，也會揮手道別。

希望學生們都相信，願意善待陌生人的人，可能真的不多，但始終還是有的。或許我們也可以做個善心的時候多，願意善待別人，善待自己的人呢？

2 搜捕寫作靈感

同學寫作時，可能因為沒有靈感而不知該如何下筆，我們可以一起參考其他作家的作品，精彩的句子和段落都有助激發大家思考。

01 《香港巴士 90 年》

＋ 李健信、陳志華合著（香港：中華書局，2015 年）

　　因為交通工具和四通八達的道路，即使相去千里，也有辦法拉近距離。交通工具為生活帶來了便利，它們在裝潢、設計上也因應社會環境和人們的需要而變化，與時俱進。如果從此一角度切入，連交通工具都可以變得人性化呢！

〈超低地台巴士　揭示無障礙烏托邦〉

📌「一直以來，行動不便的人士如長者等在乘搭巴士時，往往因要踏上高高的登車台階而大感吃力；更甚是輪椅使用者未能享用巴士服務，實在對他們融入社區造成障礙。」[1] 用心觀察別人的需要，再針對問題作出相應的改變，無論是微小的舉動或重大的轉變，也可以釋出無窮善意。

📌 我最喜歡的交通工具是甚麼？為甚麼？

---

1 〈超低地台巴士　揭示無障礙烏托邦〉，《香港巴士 90 年》，頁 128。

📍 不同乘客有何習慣？我有何聯想？

📍 等待交通工具到步的時候，我習慣做甚麼？

📍 交通工具有何轉變？對我們的生活有何影響？

02 《香港失物認領處：100 個城市印記 to be found》

＋ Lin Cheng 著，何博欣（Vivian Ho）繪（香港：非凡出版，2018 年）

〈春秧街街市上的叮叮〉、〈電車穿梭歷史　百多年來風雨不改〉

📍 「一條春秧街，處處隱藏了老香港所含的時代碎片，這塊於戰後成為上海及福建人聚居地的小街道，有着不少鐵皮檔及各樣的老字號店舖。遊走其中，東拾西拾，就能隱約拼湊香港舊日往昔。」用文字呈現一些我們或許未及經歷的畫面，讓舊日生活面貌活靈活現。

📍 「若然仔細聆聽，每個社區也有自己的聲音，這個『小福建』一邊是街市的叫賣議價聲，走不到兩步就傳來了幾句福建話，旁人半句聽不明白，卻能感受到熱鬧的市井氣氛。突然身後傳來了一陣輕柔的叮叮聲，一輛電車緩緩駛來，剪開賣菜中的人群，春秧街最大的一塊歷史碎片才總算拼貼完成。」[2] 生活在同一個地方，不同家鄉、不同背景、文化的人各展所長的同時各取所需，正是和諧共處的最佳體現。

📍 哪些地方也反映了相似的情味？蘊藏其中的是怎樣的故事？

---

2 〈春秧街街市上的叮叮〉、〈電車穿梭歷史　百多年來風雨不改〉，《香港失物認領處》，頁 56。

③ 創作意念及詞彙工具箱

找到寫作靈感後，便要為文章訂立清晰的切入點和主題，即為文章立意。以下列舉了不同難易度的創作意念，以及在「游老師文章分享」和「搜捕寫作靈感」出現過的實用詞語，同學寫文章時可按自己的程度和喜好參考、選用。平日閱讀的時候，也可以建立自己獨有的詞語庫呢！

創作意念 ➊　難度 ★

回憶與愛	心靈的觸動	人情的可貴 *	對生活的觀察 *	對時間的珍惜
成長的轉變	與人相處 *	面對誘惑	面對或處理過失	面對考驗或困難

創作意念 ➋　難度 ★★

情感的割捨	對物事的情意 *	抉擇與拉扯	面對或處理傷痛	面對疾病或死亡
青春回憶或氣息	自我反省與思考	面對恐懼 *	追逐理想	希望或意義

創作意念 ➌　難度 ★★★

對生活的追求	對生活的質疑	留住生活節奏	關係的建立或消逝	相見的期盼 *
人性的展現 *	人生如戲	對社會不同階級的關注或回應 *	對生命的理解或學習 *	對生命的領悟 *

* 是作者在寫作此篇介紹的主題時曾選用的創作意念

實用詞語庫

有關心情	有關行為	其他
始料末及 鬱結	戛然而止 爭辯	沉積 四通八達 裝潢 與時俱進

④ 試試動筆寫

你想寫作時更得心應手嗎?那就要多寫多練習了!同學可參考下列寫作題目,結合生活中累積的寫作靈感,並參考「創作意念及詞彙工具箱」中的創作意念列表,嘗試創作自己的文章,大家可按個人喜好和強弱揀選寫作文體呢!

寫作題目

① _____ (一種交通工具) 停止服務

② 排隊

③ 等待被認領的失物

寫作前想一想

① 這篇文章的最主要訊息是甚麼?

② 文中寫的是哪一種交通工具?行文內容能否展現其特色?

③ 描寫了哪些景物、人物或物件?

④ 抒發了怎樣的情感？

⑤ 我希望讀者看完這篇文章後有何思考、感受或啟發？

自我檢查

① 能夠完整表達出我構思的最重要訊息嗎？

② 文句通順嗎？

③ 詳略安排恰當嗎？

④ 有沒有錯別字？

⑤ 有沒有可以刪除或補充的地方？

5 延伸閱讀

① 吳邦謀：《香港航空 125 年（增訂版）》（香港：中華書局，2016 年）

② 石川祐基著，蕭辰健譯：《解構鐵道文字設計：深度剖析筆畫之間的美學奧義》（台灣：台灣東販出版社，2020 年）

③ 派翠克．史密斯著，郭雅琳、陳思穎、溫澤元合譯：《機艙機密：空中旅行大百科》（台灣：行路出版，2019 年）

④ Little Someone：《手繪香港地》（香港：非凡出版，2016 年）

香港

　　要書寫我們生活、成長的地方，看似駕輕就熟、易如反掌，然而到了執筆之時，卻不知該如何下筆，因為耳聞目睹的、耳熟能詳的事情實在太多，在芸芸眾多材料中，要精挑細選出適合加以發揮的題材誠非易事。

　　偶爾我會給自己一些練習，先以自己熟悉的地區為起點，觀察、探索這個空間，發掘日常鮮有留意的地方，注入為文章中的重要元素。而當我有機會遊走自己熟悉的地方以外的社區、街道，我除了會留意周遭環境、設施、人文風景之外，也會將之與熟諳的地方比較，細察當中異同，更可能翻閱書籍、從不同渠道吸收資訊，認識一地的文化、歷史、背景等等，希望能夠多方面，從不同的角度認識香港，一個我成長的地方。

游老師文章分享

作者
悄悄話

在我還是很小的時候曾住港島，不過在港島居住時留下的只有非常模糊的記憶，因為還沒讀完幼稚園，我們一家就搬到新界住了。至於那些與北角相關的，迄今仍鮮活如昨的童年記憶，包括街道面貌帶來的各種教人眼花繚亂的感官刺激、與人相處時親身感受到的濃厚情味，則是在我成長期間每次隨家人重遊舊地時，逐點逐點拼湊、累積、蒐集、珍藏下來的。

種在春秧街的感情

＋ 原載游欣妮：《搣時前傳 —— 游樂園》（香港：突破出版社，2013 年）

小時候家住北角，我讀幼兒班的階段就是在博愛幼稚園度過的。當時得過的獎項、砌過的小積木、吃過的茶點⋯⋯三歲那年每天都穿着白色的小皮鞋跳跳踏踏上學去。某天，白皮鞋上的蝴蝶結裝飾掉落，我便換上黑皮鞋上學，搬離了北角。博愛幼稚園就在春秧街的轉角處，附近電車總站響起過的叮叮聲，或許曾經為我唱的兒歌伴奏。

媽媽說，當年她帶初生妹妹到母嬰健康院檢查，總會把我寄放在一個賣葱的老婆婆

回憶兒時上學情況、周遭環境，引起下文。

的小攤前，請蔥婆婆幫忙暫時照顧我。蔥婆
婆的影子早已成春秧街上一幅淡去的風景，
我幻想，多年前束着馬尾的我坐在發泡膠箱
上踢着胖胖的小腿，伸出舌頭舔溶化的冰淇
淋，面前來來往往的姨姨嬸嬸提着餸菜，包
圍我的是市場獨有的熱鬧的叫賣聲。

　　春秧街給我的回憶，如當天黏在校服裙
上的雪糕漬，擦不掉，卻隨年月褪色。在我
成長的歲月中，憑着媽媽口述的片斷和自己
的重新經歷，原本單薄的、輕飄飄的畫面逐
漸豐滿起來。失掉舊日的光影，我嘗試再次
拼湊這條街道的面貌。終於，自小學以後組
成的片片景象，叫人無法抹去。

　　我最希望可以尋回的店舖，是一間豆品
店。在媽媽的回憶裏，那時候，她幾乎每天都
帶大妹和我到那裏吃下午茶。豆漿、鍋貼和豆
腐花的香氣飄升成熱騰騰的白煙，在吊扇扇葉
悠悠的轉動下無聲無息地消失，如虛無的記
憶。我一直渴望能夠憶起那段美好日子，跟
媽媽一起回味那些悠閒又美好的午後時光。

　　春秧街裏有一間不知名的店舖，給我留下
最深刻的印象。從小到大都不曉得應該把它
歸類為甚麼類型的店子。時裝店嗎？它也賣
行李箱和背包呢！旅行用品店？它又會給你
變出藥物來。乾脆叫它做雜貨店吧，但我又
從未見過店裏有糧油雞蛋調味料出售。後來
我認定這店面不過是老闆借來掩人耳目的，
實情是用作販賣人口的秘密基地。小小年紀能
生出這樣的念頭，全靠我精密細微的觀察。

以媽媽轉述的話、
自己的幻想拼湊
童年面貌和風景
見聞。

仔細描寫令我留
下深刻印象的店
舖、以語言和行
動描寫雜貨店老
闆夫婦，突顯其
形象，並敘述難
忘的經歷和兒時
的無邊想像。

我知道店裏兩個販賣人口的頭目是看不上我的，因為我長得不漂亮，鼻子扁扁。那個肥姨姨，常常瞇起雙眼捏我的鼻子，叫我要天天拿衣夾夾住鼻子，慢慢地鼻子就會變高，變得好看。我當然沒那麼容易墮入她的圈套。但我發現，大妹倒是有很大的危機會被拐賣。那個架着大眼鏡的叔叔，大概是肥姨姨的老公，總愛咧嘴笑着問大妹：「賣畀我哋啦，好唔好呀？」我堅信他們並非只為喜歡我的大妹那麼簡單，因為其他愛惜我們的叔叔嬸嬸只會說「契畀我啦！」或者「送畀我啦！」但他們說的是「賣」！鍾愛一個孩子又怎會買來賣去？我對爸爸媽媽都很有信心，確信他們不會把大妹賣掉，只是每次踏進這店子內，我都會提高警覺。老闆夫婦不怎麼親切和藹的模樣告訴我，他們會拐帶我的大妹也說不定。店裏的行李箱，恐怕就是用來收藏和運送孩子的，想想也感到心慌。直到我最小的妹妹出生後，我便開始憂慮小妹會成為他們的新目標。畢竟小妹還年幼，又是個饞嘴的小女孩，若肥姨姨隨便塞給她一塊菜頭粿、豆粿或碗糕，然後帶她走，我們便不知要到哪裏才找得着她了！

後來到我懂得販賣人口並不是想像中那樣輕易的事時，肥姨姨和叔叔的店已經結業，聽說他們一家移民海外去了。

他們的面容，雖然有點模糊，但仍然充滿真實感。

以前爸爸在春秧街的豬肉檔工作，認識

了不少街坊。所以即使我們搬到新界有十多年了，有些鄰里也還認得我的爸爸媽媽。就如大眼仔老闆，偶爾看見媽媽到他的店子時，就會很順手地從玻璃櫃裏拿出蜜糖香皂給她。老闆出售的蜜糖香皂不再是半透明淡黃色圓圓一塊，變成了會浮起一朵若隱若現的象牙色玫瑰花的一磚淺黃色圓餅。花樣多了，老闆仍堅持不漲價。我相信他是真的認得我小時候的樣子的，不是因為他說他記得，只因他記住我們習慣購買的蜜糖香皂。

如果要跟外婆一起逛春秧街，得先做好心理準備至少要花一小時以上才能買齊所有東西。外婆交遊廣闊，走在春秧街上，不到十多二十步便會遇上同鄉或朋友。一碰面，總得寒暄幾句，有時越聊越起勁，待到紅色白色塑料背心袋中的鮮魚都停止活蹦亂跳才會起程歸家。

像外婆和她的朋友般站在喧鬧街心閒話家常的人不少，大多是上了年紀的大叔大嬸，他們還可能牽着小孫子呢。專注於把玩玩具的小孩子，沒空也沒興趣參與成年人的話題，可是他們仍自得其樂。大抵是習慣了，知道對抗無用，大人們還是會繼續聊。

外婆鍾情的衣飾店，就在春秧街近街尾的位置。她總愛在裏面挑選合心意的服裝，我們有時會認為其實那些衣服一點不時尚，只是很奇怪地，多看幾眼又覺得外婆穿起來合身又耐看。外婆一向光顧的髮型屋，客似雲來。髮型屋裏，染髮電髮等物品一應俱全，

記述大眼仔老闆堅持不漲價和記得顧客的購物習慣，展現街坊小店的人情味。

記述外婆與街坊聊天、描寫外婆習慣光顧的衣飾店和髮型屋，突顯家庭式店舖的經營方式和人情味。

格局給人一點熟悉卻又陌生的感覺。因為它不像店舖，反似家居。客廳裏有幾張讓人坐着剪髮的高凳，洗頭用的躺椅在洗手間。我猜那是家庭式經營的髮型屋吧！年紀還小的時候我也給外婆的御用髮型師剪過頭髮。可惜那姨姨剪的髮型很土氣，一點不時髦。

電車是善良的。當電車駛進濕水灘灘的行人道時，你不會聽見他大剌剌地拉響傳出咔咔聲的警號，取而代之的是清脆俐落的一串串鈴聲，似要告訴大家他來了，眾人也自然地退到一旁。彼此都不焦躁，沒有半點不耐煩。

叮叮……叮叮……電車又徐徐地拐進站頭了。

② 搜捕寫作靈感

同學寫作時，可能因為沒有靈感而不知該如何下筆，我們可以一起參考其他作家的作品，精彩的句子和段落都有助激發大家思考。

01 《香港尋味：吃一口蛋撻奶茶菠蘿油，在百年老舖與冰室、茶餐廳，遇見港食文化的過去與現在》

＋ Alison Hui（台灣：PCuSER 電腦人文化，2019 年）

味蕾的刺激，往往是最能觸動心靈的持久記憶。然而，除了味覺回憶，食物、菜色的背景、歷史意義、演變、烹調方式、飲食文化、食店……全都可以入文。

〈油麻地果欄——新鮮水果批發地〉

🔖 「2009 年 12 月 18 日，果欄被古物諮詢委員會評定為香港二級歷史建築。磚瓦和鐵皮屋頂建構了一個獨特的建築群，在巷弄裏遊走，可以逐家逐戶地欣賞自 50 年代留存的古蹟。紅色漆寫的牌匾、吊扇、用來照雞蛋的紅色罩燈、不同設計的水果紙箱、推着板車的工人、叫買的商販，還有在黑暗中遊走於屋簷間的貓兒，形成了果欄的獨特人文風景。」[1] 豐富、細緻的感官描寫使細膩的情意更立體，也將人與食物、地方、時空等串連在一起，展現特有的心思與情懷。

🔖 在香港，最能引發我思考的地方是哪兒？這個地方有何獨特之處？看到這個地方的風景、嗅到這些氣味，我們有何聯想？這個地方於我有何獨特的意義？

🔖 香港人的生活節奏如何？我在這個地方遇過哪些好人好事？我到過的最有特色的街道是怎樣的？

02 《叮叮！電車之旅》

十 何耀生（香港：明報出版社，2015 年）

用旅者的身份遊歷異地和以工作者的身份寄居異鄉，二者在情緒和情感上必有巨大的差異。每個人都有自己的故事，故事背後隱藏了甚麼訊息，帶出了甚麼意義？

〈菲屬殖民地〉

🔖 「大多數菲傭都顯得樂天知命，隨遇而安，在廣場上可見她們唱歌跳舞，放聲大笑，盡情享受，把離鄉別井之愁或日常工作的壓力

---

1 〈油麻地果欄 —— 新鮮水果批發地〉，《香港尋味：吃一口蛋撻奶茶菠蘿油，在百年老舖與冰室、茶餐廳，遇見港食文化的過去與現在》，頁 88。

置諸腦後，相比香港人，她們的物質生活並不富裕，但卻比我們更懂得怎樣享受生活，舒緩壓力。」[2] 物質層面的豐盛和精神層面的滿足，哪個更能穩定我們的情緒，安撫我們的心靈，使我們更投入，更享受生活？一切只取決於心態。

📌 遊歷一個地方時，最吸引我的是甚麼？

③ 創作意念及詞彙工具箱

找到寫作靈感後，便要為文章訂立清晰的切入點和主題，即為文章立意。以下列舉了不同難易度的創作意念，以及在「游老師文章分享」和「搜捕寫作靈感」出現過的實用詞語，同學寫文章時可按自己的程度和喜好參考、選用。平日閱讀的時候，也可以建立自己獨有的詞語庫呢！

創作意念 ❶ 難度★

回憶與愛 *	心靈的觸動 *	人情的可貴 *	對生活的觀察 *	對時間的珍惜 *
成長的轉變	與人相處	面對誘惑	面對或處理過失	面對考驗或困難

創作意念 ❷ 難度★★

情感的割捨 *	對物事的情意 *	抉擇與拉扯	面對或處理傷痛	面對疾病或死亡
青春回憶或氣息	自我反省與思考	面對恐懼	追逐理想	希望或意義 *

---

2 〈菲屬殖民地〉，《叮叮！電車之旅》，頁 71。

創作意念 ❸　難度★★★

對生活的追求	對生活的質疑	留住生活節奏	關係的建立或消逝	相見的期盼
人性的展現 *	人生如戲	對社會不同階級的關注或回應 *	對生命的理解或學習	對生命的領悟

* 是作者在寫作此篇介紹的主題時曾選用的創作意念

實用詞語庫

有關性格	有關心情或行為	其他
交遊廣闊 樂天知命 隨遇而安	掩人耳目 寒暄 自得其樂 置諸腦後 活蹦亂跳	拼湊 蒐集 時髦

 ④ 試試動筆寫

你想寫作時更得心應手嗎?那就要多寫多練習了!同學可參考下列寫作題目,結合生活中累積的寫作靈感,並參考「創作意念及詞彙工具箱」中的創作意念列表,嘗試創作自己的文章,大家可按個人喜好和強弱揀選寫作文體呢!

寫作題目

① 散步

② _____大發現

③ _____的地方

寫作前想一想

①　這篇文章的最主要訊息是甚麼？

②　文中描寫了哪些景物、人物或物件？這一切與我有何關連？

③　抒發了怎樣的情感？

④　有哪些細節能突出文章的重點？

⑤　我希望讀者看完這篇文章後有何思考、感受或啟發？

自我檢查

①　能夠完整表達出我構思的最重要訊息嗎？

②　文句通順嗎？

③　詳略安排恰當嗎？

④　有沒有錯別字？

⑤　有沒有可以刪除或補充的地方？

5 延伸閱讀

①　飛天豬 Flying Pig：《老店風情畫》（香港：三聯書店，2016 年）

②　李健明：《你看港街招牌（增訂本）》（香港：非凡出版，2020 年）

③　林曉敏：《香港遺美：香港老店記錄》（香港：非凡出版，2021 年）

④　小思：《香港文學散步（第三次修訂本）》（香港：商務印書館，2019 年）

⑤　曉南：《香港舊書店地圖（增訂版）》（香港：三聯書店，2020 年）

讀寫小錦囊（十六）

真的無言以對，
非筆墨所能形容？

　　有時可能會不自覺在同一篇文章中多次重複使用相同的詞彙，發現了，想修改的時候，同學或會表示困難：「因為我實在沒有那麼多詞語可以形容、描寫、記述心情或所見所聞。詞彙不足，要寫個段落都難了，更加不要叫我寫幾個片段、甚至一篇文章了。」真的無言以對，非筆墨所能形容嗎？不要緊，這個問題是可以解決的。

　　我們可以一步一步來，先做一些同義詞、近義詞練習，擴建個人詞彙庫。首先選定一個詞語，然後列舉三至五個，甚至八個意思相近，但程度有深淺的詞語，例如開心或憤怒，即使同一件事，不同階段我們的心情亦會有變化，此時近義詞就相當好用了，日常練習時可能會因搜索枯腸而氣餒，也不用擔心，因為可以查閱字典，或者到電子詞典網頁搜索，其中一個我常用的網頁是國語辭典（教育部重編國語辭典修訂本），是個相當好用的工具呢！

旅行／外地

　　要寫與旅遊相關的文章，很多時候吸引我們、捕捉了我們注意力的大多是當地的美食和著名景點。規劃旅程的時候，有人偏愛跟隨一眾旅遊達人的旅遊指南，預先設計路線，一步一步遊覽特色遊區；有人喜歡隨心走訪大街小巷，體驗地方獨特的文化氣息。

　　其實無論香港或外地，一個地方的文化、風土人情、生活習慣、交通狀況等等，在仔細的觀察、細緻的描寫下也可以是文章的精彩內容，不一定只着眼於人人皆知或者廣為人熟悉的事物，獨到的眼光也可選出精彩的材料，凸顯每個地方獨有的情味。

游老師文章分享

作者
悄悄話

到外地旅行的時候，我尤其喜歡到菜市場走走逛逛，除了對當地的特產大感好奇，更重要的是渴望能在實地考察中親身感受、體會當地的生活氣息，觀察人們的日常生活面貌、習慣等。我們可以從書本上認識一地的歷史、文化、經濟、社會民生等，在旅遊區大多看到光明亮麗的一面，但如果對最接近真實生活的面向感興趣，在安全的情況下能夠把握難得的機會與當地人交談，甚至能收穫更多意外驚喜呢！

異地果香

＋ 原載游欣妮：《摵時的餐桌》（香港：突破出版社，2016 年）

菜市場上最吸引我們的是水果攤。在宜蘭三天，三天我們都去買水果。

滑溜溜的果皮是黃昏橙紅色的天，這種凝固住的夕陽天色叫人無法抗拒。起初按捺住只買一個、兩個，怕過份嘴饞會使往後幾天的旅程嚐不了其他好滋味。

結果到回程之日，忍不住再到菜市場逛，而且忍不住把芒果整

在文章開首，直接描寫宜蘭的水果吸引。

箱整箱的買下。賣芒果的是個歐巴桑，她在菜市場的分岔路口上擺攤，她的小型貨物車上陳列着四、五個紙箱，專售芒果，別無他選，用廣東話來說就是獨沽一味。實在捨不得不把這種豐厚滋味帶回家跟親好分享。提着重重的箱子，幻想當親好的朋友接過異地的新鮮水果時，讓濃郁的果香注滿鼻腔，剖開薄薄的果皮，用小茶匙一匙一匙的舀那又厚又軟的果肉，那異地的氣息與滋味，把人帶進豐收果園好好享受夏天熾熱中一點溫厚的那份滿足。

以不同感官描寫宜蘭的芒果色香味俱全，欲與親朋好友分享美好滋味。

橙紅色的芒果像巨型的鵝卵石，我索看箱子上標示着「紅菊」二字，大概是芒果的品種。直到看到這個箱子上玉文、凱特等稱號之前，如我一個無知的外來客還以為台灣美味的芒果只有愛文一種。

釋迦誘人濃密的香甜鑽進我們的鼻孔，在香港，我們叫這果子作「番鬼荔枝」。釋迦，具體而形象化的名字，像釋迦牟尼佛的髮型，小撮小撮的聚攏。掰開果實，熟透的果肉綿軟，濃郁的果汁不多，但獨特的，充滿熱帶風情的甜味足夠在口腔迴盪良久，久久不散。品嚐釋迦是頗講究耐性與閒情的，它不像芒果般有厚厚的果肉，反而是小顆小顆的果粒擠在一起，而且每層薄薄的肉裹都包着一顆烏溜溜的果核，只有用牙齒和舌頭褪去果肉，才能俐落地吐出果核。也因為它果核太多，不可能一口氣把大量果粒放進口

仔細描寫品嚐釋迦的過程，透過比較芒果和釋迦兩種水果的特色，帶出感悟。

裏，吃着吃着，耐性就培養出來了。

　　旅館裏，父親仔細地用小刀把紙皮切成小長方塊，一塊一塊的隔在芒果之間，釋迦也一樣，每顆都有獨立的小空間，避免碰撞。珍惜農作物、珍重人情的心意不言而喻。如果我們把帶回港當伴手禮的水果碰得焦頭爛額瘀傷斑斑，豈不可惜？即使大家都不見怪，我們還是想要盡力保存果實原來的美態。誰知道會不會因為這一口果香，教人對台灣念念不忘？

　　我想起在果攤付款的時候，老闆娘親切地提示我們酪梨是沒有味道的，而且我們挑的那兩個都還未熟，不能現吃。「因為在香港一般看到的酪梨都沒這麼大，所以特別想試試。」老闆娘恍然大悟，再三強調：「這個吃起來真的沒有味道啊，但你加牛奶和蜂蜜攪拌成果汁就非常好喝！」

　　另一位較年長的老闆娘笑笑朗聲道，你們只顧談話，都沒注意我按電子磅啊！不過我是不會騙你們的，我們辦這水果攤已經七十年了，由我的婆婆公公傳給我和先生，我們再傳給兒子和媳婦。你們盡量慢慢看，隨便問，大家都愛來光顧。這三代同堂水果攤上，兒子和其他員工一起賣力地搬運一箱箱的貨品，汗水淋漓；婆婆和媳婦一唱一和的跟客人閒話家常，任憑你只買一塊冬瓜茶磚，也可站着聊個半天，這何嘗不是珍重人情的一種？

描寫父親小心翼翼處理水果，寄託對大自然和人情的重視、珍惜之情。

記述與攤販的對話和觀察，突出當地人的親切，重視與人交流和相處。

到異地旅遊，我們總難免被許多景點吸引、捕捉，只是，漸漸發現，真正的旅遊，並不只踏足當地著名的景點，更要走到當地看來最平平無奇之處，穿梭日常，真真正正感受一地的生活、真正貼近生活。

總結要經歷真正的旅遊，除了遊覽景點，更重要是能夠真正體驗一個地方的生活面貌。

2 搜捕寫作靈感

同學寫作時，可能因為沒有靈感而不知該如何下筆，我們可以一起參考其他作家的作品，精彩的句子和段落都有助激發大家思考。

01 《愛是最美最遠的旅行：在 33 個夢想的地方打卡》

＋ 沈中元、張雪芳合著（台灣：書泉出版社，2019 年）

在旅途上不斷開發，不斷探索，不斷學習，將所見所聞、所學所得日漸累積，足以受用一生。

〈用旅行發現生活智慧〉

「旅行，學習愛，學會愛。學會用自私愛自己、用溫柔愛家人、用溫暖愛朋友、用溫飽愛路人；用認真愛工作、用運動愛健康、用行動愛地球、用生命愛靈魂。」[1] 由親及疏、由內到外、由遠而近……在生活裏每一個細微末節實踐善意的行動，讓愛流動、循

---

1 〈用旅行發現生活智慧〉，《愛是最美最遠的旅行：在 33 個夢想的地方打卡》，頁 213。

環，成全更好的世界，成為更好的自己。

🚩 我到過外地旅行嗎？我喜歡旅行嗎？旅行帶給我哪些樂趣、挑戰和何種啟發？這些啟發如何影響我們？

02 《義大利小城小日子》

+ 韓良露、朱全斌合著（台灣：有鹿文化，2018 年）

執筆之時，因為疫情緣故，莫說出埠旅行，連外出活動也思前想後，審慎考慮。許多人對旅行的熱情都不得不強自壓抑，新興活動「staycation」應運而生，一時之間，彷彿多了人願意「在地旅行」。有人貪多務得，喜歡走馬看花，也有人偏愛深度漫遊，習慣仔細探索，深刻遊歷。

〈佩魯嘉山城悠閒生活〉

🚩 「溫布利亞的橄欖油和葡萄酒的知名度都不如托斯卡尼，但別以為所有的托斯卡尼產品都好，溫布利亞人只是比較不善做宣傳，也比較無法挾帶觀光盛名之勢，但好酒沉甕底，肯慢慢旅行、發掘在地的美酒美味之人，就可以發現隱逸的珍品，這才是旅行的真趣。」[2] 於你而言，何謂旅行的真趣？旅行的意義又是甚麼？是希望享受不同地方的美食、滿足口腹之欲？飽覽著名景點的風光，了解各地文化和風土人情？……種種安排、行程追求的是精神上的放鬆？心靈上的滿足？

🚩 最教我們為之着迷和嚮往的地方是哪兒？該地有何特色和吸引人之處？

🚩 如果要設計一趟不一樣的旅行，那會是怎樣的？

---

2 〈佩魯嘉山城悠閒生活〉，《義大利小城小日子》，頁 58。

3 創作意念及詞彙工具箱

找到寫作靈感後，便要為文章訂立清晰的切入點和主題，即為文章立意。以下列舉了不同難易度的創作意念，以及在「游老師文章分享」和「搜捕寫作靈感」出現過的實用詞語，同學寫文章時可按自己的程度和喜好參考、選用。平日閱讀的時候，也可以建立自己獨有的詞語庫呢！

創作意念 ❶ 難度★

回憶與愛	心靈的觸動	人情的可貴	對生活的觀察	對時間的珍惜
成長的轉變	與人相處 *	面對誘惑	面對或處理過失	面對考驗或困難 *

創作意念 ❷ 難度★★

情感的割捨	對物事的情意	抉擇與拉扯 *	面對或處理傷痛	面對疾病或死亡
青春回憶或氣息	自我反省與思考 *	面對恐懼 *	追逐理想	希望或意義

創作意念 ❸ 難度★★★

對生活的追求 *	對生活的質疑	留住生活節奏 *	關係的建立或消逝	相見的期盼
人性的展現 *	人生如戲	對社會不同階級的關注或回應 *	對生命的理解或學習 *	對生命的領悟

* 是作者在寫作此篇介紹的主題時曾選用的創作意念

實用詞語庫

有關外貌	有關心情或行為	其他
平平無奇 滑溜溜 焦頭爛額	按捺 走馬看花	濃郁 良久 恍然大悟 口腹之欲 風土人情

4 試試動筆寫

你想寫作時更得心應手嗎？那就要多寫多練習了！同學可參考下列寫作題目，結合生活中累積的寫作靈感，並參考「創作意念及詞彙工具箱」中的創作意念列表，嘗試創作自己的文章，大家可按個人喜好和強弱揀選寫作文體呢！

寫作題目

1 ＿＿＿＿＿之旅
2 起點，終點。
3 出發了！

寫作前想一想

1 這篇文章的最主要訊息是甚麼？
2 文中描寫了哪些景物、人物或物件？

③ 抒發了怎樣的情感？

④ 有哪些細節能突出文章的重點？

⑤ 我希望讀者看完這篇文章後有何思考、感受或啟發？

自我檢查

① 能夠完整表達出我構思的最重要訊息嗎？

② 文句通順嗎？

③ 詳略安排恰當嗎？

④ 有沒有錯別字？

⑤ 有沒有可以刪除或補充的地方？

5 延伸閱讀

① 張佩瑜繪著：《秘魯‧玻利維亞手繪旅行》（台灣：聯經出版，2015 年）

② 國家地理學會（National Geographic）著，彭欣喬譯：《國家地理終極旅遊：全球 220 大最佳旅遊城市》（台灣：大石國際文化，2015 年）

③ 張佩瑜繪著：《衣索比亞手繪旅行》（台灣：聯經出版，2017 年）

④ 克雷格‧史托迪（Craig Storti）著，王瑞徽譯：《旅行的意義：帶回一個和出發時不一樣的自己》（台灣：時報文化出版，2019 年）

⑤ 許玲瑋編：《閱讀的無限想像 —— 走讀臺南》（台灣：遠見雜誌，2017 年）

⑥ 阿翔：《滾動到世界盡頭》（香港：天窗出版社，2018 年）

第 7 章

超乎你想像

武俠、
科幻、推理

　　武俠、科幻、偵探、推理小說向來是非常受歡迎的讀物，不少人都愛一本緊接一本追看，手不釋卷，直至全套讀完。不論是武俠小說或科幻小說，許多膾炙人口的著名作品甚至被拍攝成電視劇、電影，風靡一時。

　　每次讀此類作品，我都為作家能夠在想像雄奇的故事和情節中結合寫實的生活元素，以引人入勝的筆法吸引讀者閱讀，並帶出生活化的訊息，引發思考而深感佩服。諸如呈現人性的真善美、探索歷史文化背景、討論社會議題等，小說滿足消閒娛樂的要求，令人投入文字世界之中，若可成為觸發讀者思考，引發別人的閱讀興趣的媒介，就最好不過了。

游老師文章分享

很多人都有覺得自己特別不擅長的項目，我也不例外。即使我熱愛寫作，爭取時間練習，也有完全不敢觸碰的題材。武俠、科幻、偵探、推理正是其中一些主題。雖然會閱讀這類主題的作品，只是若要我提筆書寫，實在遲遲無法下筆。於是，我選擇繼續多閱讀，多思考，多請教，不恥下問，加以學習。透過細賞別人的優秀作品，學習令人為之驚歎的超凡想像力。

十秒人

＋ 余龍傑著（獲「第四十三屆青年文學獎小小說公開組」推薦發表獎）

我在網上一個聊天室認識他，為保障私隱姑且隱去名姓稱他為十秒人。這樣稱呼他，乃因他讀了我的信息後，總須隔十秒才回覆我，不多不少，整齊的十秒。我們快城人都習慣馬上回覆短訊。和十秒人交談，得耐心等候。說是等候又不當，十秒人回應我之前，我已和十幾位朋友對答好幾趟了，我沒有等候他。

那天他說要來快城旅遊，順

在文章開首，記述與十秒人相識的經過，並寫二人的溝通模式，讓十秒人的形象具體顯現在讀者眼前。

道看一看我，我也很久沒招待過客人，答應了，約好時間，我向公司請了假，好與他結伴同遊。

與十秒人在機場見面當天，我在遠處認出了他，他長得跟聊天室的頭像一模一樣，彷彿直接從電腦跳到我的跟前。我使勁揮手，差點捲出龍捲風，可是十秒人默默打我身邊走過，我看着他漸遠的背影，十秒後他才回過頭來，向我微笑，向我打招呼然後和我擁抱。看來他凡事皆有「事隔十秒」的習慣。

往酒店途上，我說的每一句話，他都需要隔十秒才能回應。我打趣拿出手機計時，發現每次間隔皆為整齊的十秒，刀切一樣準確。計程車到達酒店，司機向十秒人收款，他完全沒有反應，我便搶出鈔票付了，下了車，十秒人還留在車廂裏掏荷包，司機以為十秒人作弄他，丟了一句髒話，差點踢他出去，計程車起動時噴得他一臉黑煙，他當然是在十秒後才懂得伸手往臉上撥。

安頓好了，我帶十秒人到超級市場買點吃的。他漸漸勾勒出快城的印象，快城太小了，馬路很狹窄，天空也特別矮，人流密集得過份，生活於此，就像處於沙漏的腰子上。我聽了覺得好笑。想出這個比喻，大概也花了他十秒吧！

「連超級市場也特別狹仄！」這是他艱

記敘與十秒人初次見面的經歷，以及十秒人凡事均後知後覺，未能即時反應，與快城人的生活習慣形成強烈對比。

難地離開超市後下的結論。剛才他站在一旁看我挑零食。後面的胖女人禮貌地請他讓一讓，可憐的十秒人當然無法馬上回應。胖女人不得已轉過臉去，罵道：「以為自己吃玻璃嗎？」十秒人終於欠一欠身，擺一擺手，彎一彎腰，示意請過，但眼前除我以外，甚麼人都沒有，他懊惱的樣子像極一頭燒豬。類似的事情接連發生，通道只容一人站立，十秒人經常擋住後來者，他們都以為十秒人蓄意鬧惡作劇，對他投以怨毒的目光，旁邊的我也被這些態度刺傷，我好像不應該帶他來，希望與十秒人保持距離，盡可能不和他說話，不復覺得他的話可笑。

　　我問十秒人，在這十秒停頓間，你到底想些甚麼？他沒有正面回答，只說這十秒是真正屬於自己的時間。我說快城每一個人都想擁有更多屬於自己的時間呢！他抬頭說快城的雲流得真快。我看着流雲被金色的月光照穿，忽爾雲去無蹤，明月高掛，一會兒又有雲遮住了月，才意識到一切真的很快。我說，大概因為快城近海，海風大吧！他謂十秒城不曾有過這番景色，雲都像呆子一樣靜謐不動。呆子一詞出於十秒人之口，饒有趣味。

　　十秒人離開快城後，我對他的說話思索良久，試着學習他的生活方式，凡事皆緩下十秒才反應，看看能否如他所說，自己的時

記述受到十秒人的啟發，嘗試改變生活習慣，爭取更多自己的時間，無奈因為環境因素的不許可，始終無法用十秒人的態度在快城放慢腳步生活，只能回復投入生活節奏急促的日子。

間可以多一點。只是這樣生活非常困難，列車到站開門了，我想待十秒才踏步離開，可只是八秒光景，列車門已關上，我得在下一個站折返，結果我遲到了，被上司罵了一頓。我也試着變通一下，出了車門才呆十秒，但日子久了，感覺跟從前沒有兩樣，一天依舊只有侷促的二十四小時，世界急速向前奔跑，十秒人始終是十秒人，不明白十秒人的始終是我。

搜捕寫作靈感

同學寫作時，可能因為沒有靈感而不知該如何下筆，我們可以一起參考其他作家的作品，精彩的句子和段落都有助激發大家思考。

01 《偵探書話》

＋杜漸（香港：三聯書店，2019 年）

〈為甚麼推理小說吸引人〉

🚩 「推理小說有勸善懲惡和伸張正義的教化功能，閱讀它可以令人有明確的是非觀，它也能鍛煉讀者的思維能力，啟發人去對問題

第 7 章
超乎你想像

進行深入的調查研究，學習周密的思想方法，培養細緻的分析能力，尋求合理的、正確的結論，實事求是地辦事。」[1] 作者提醒了我們，如果閱讀和思考能互相配合，相輔相承，從閱讀中學習到的東西定能更深更廣。我們最希望自己的文字帶出甚麼訊息？

🏴 寫小說的難度是否在於構想橋段和吸引人的情節？

🏴 試構想一個難解的疑團。

02 《尋他千百度 —— 金庸集》

＋ 金庸著，黃子平編選（香港：中華書局，2013 年）

〈談武俠小說〉

🏴 「問：您對古龍、柳殘陽的小說的看法怎樣？
答：古龍的小說沒有明確的歷史背景，他用一種歐化的、現代人的想法來表達一種武俠世界，另走一條路，他的小說有幾部也寫得很好。柳殘陽的小說比較簡單，打得很激烈，看起來很過癮，但不免太單調了。古龍的小說較有深度，範圍比較廣，想法很新。他是我相當熟的朋友，現已過世。他的個性中有一個缺點是不太能堅持，大部分小說寫了一半，就不寫了，由別人代寫，所以水準不齊，假如是他自己寫完了的，當然水準高得多。」[2] 名家看名家，道出了寫作其中一個關鍵的獨特之處 —— 即使是同一主題，不同人筆下也有自己的處理手法，有各自的風格。

🏴 哪些作者的寫作風格深深吸引我們？有哪些值得學習和欣賞之處？

---

1 〈為甚麼推理小説吸引人〉，《偵探書話》，頁 4。
2 〈談武俠小説〉，《尋他千百度 —— 金庸集》，頁 255。

3 創作意念及詞彙工具箱

找到寫作靈感後，便要為文章訂立清晰的切入點和主題，即為文章立意。以下列舉了不同難易度的創作意念，以及在「游老師文章分享」和「搜捕寫作靈感」出現過的實用詞語，同學寫文章時可按自己的程度和喜好參考、選用。平日閱讀的時候，也可以建立自己獨有的詞語庫呢！

創作意念 ❶　難度★

回憶與愛	心靈的觸動	人情的可貴 *	對生活的觀察 *	對時間的珍惜
成長的轉變	與人相處 *	面對誘惑	面對或處理過失	面對考驗或困難 *

創作意念 ❷　難度★★

情感的割捨	對物事的情意	抉擇與拉扯 *	面對或處理傷痛	面對疾病或死亡
青春回憶或氣息	自我反省與思考	面對恐懼 *	追逐理想	希望或意義

創作意念 3　難度★★★

對生活的 追求	對生活的 質疑 *	留住生活 節奏	關係的建立 或消逝 *	相見的期盼
人性的 展現 *	人生如戲 *	對社會不同 階級的關注 或回應	對生命的 理解或學習	對生命的 領悟

*是作者在寫作此篇介紹的主題時曾選用的創作意念

實用詞語庫

有關心情	有關行為	其他
侷促	蓄意 不恥下問	勾勒

 試試動筆寫

你想寫作時更得心應手嗎？那就要多寫多練習了！同學可參考下列寫作題目，結合生活中累積的寫作靈感，並參考「創作意念及詞彙工具箱」中的創作意念列表，嘗試創作自己的文章，大家可按個人喜好和強弱揀選寫作文體呢！

寫作題目

1 外星人，你好！
2 高手過招
3 神秘的……

寫作前想一想

① 這篇文章的最主要訊息是甚麼？

② 人物的形象如何？例如容貌、衣着、談吐、行為舉止等。

③ 人物個性是怎樣的？

④ 有哪些事情能顯現他們的個性？

⑤ 我希望讀者看完這篇文章後有何思考、感受或啟發？

自我檢查

① 能夠完整表達出我構思的最重要訊息嗎？

② 文句通順嗎？

③ 詳略安排恰當嗎？

④ 有沒有錯別字？

⑤ 有沒有可以刪除或補充的地方？

⑤ 延伸閱讀

① 潘步釗：《金庸小說裏的中國文學》（香港：三聯書店，2020 年）

② 金庸：《天龍八部》（香港：明河社，1978 年）

③ 衞斯理：《藍血人》（香港：明窗出版社，2006 年）

④ 吉竹伸介著，許婷婷譯：《這是蘋果嗎？也許是喔》（台灣：三采文化，2014 年）

⑤ 陳浩基、譚劍、文善、黑貓 C、冒業、望日合著，Dawn Kwok 繪：《偵探冰室》（台灣：蓋亞文化，2020 年）

讀寫小錦囊（十七）

重要的一步：檢視修訂

　　寫作文章有一個相當重要的環節，就是校閱、修訂。很多時候，同學寫完文章即有鬆一口氣的感覺，不想回頭看，更是惜字如金，不刪不改；又或是一揮而就，全篇文章由頭到尾一氣呵成，寫到結尾畫上句號就立即停筆。其實，還欠了相當重要的一步：檢視文章，而且是要從頭細閱。有時同學會疑惑：為甚麼這句是病句？我會邀請同學將看到的文字讀一次，如果讀的時候自己也發現不暢順，就猜到這是因為有病句了。

　　我鼓勵同學每次完成文章，切記要翻閱最少一遍，環境許可的話就朗讀文章，一定要見字讀字，當然更重要的是培養在心內默讀的習慣，因為考試的時候，總不能將文章朗讀出來啊！這個默讀過程是非常重要的，因為當發現有句子不順暢的時候，正是修改的時候。

　　如果發現有些內容不明所以，甚至不合邏輯，更要修改、調整，當發現有些內容好像太冗贅，或者重複的時候，可以選擇改寫，甚至大刀闊斧刪除。而且，修改的時候除了作文句字詞上的改動，反覆思考也會令想表達的信息和意念越來越清晰、明確。這樣能使我們的文章去蕪存菁，剔除沙石，也更通達流暢。

後記

　　其實最初收到編輯的電郵，我滿腦子只想着該如何婉拒，因為我沒有信心做得到，遑論做得好。到見面後，聽了宛媚的分享，心裏又響起那「唔試唔做，點可能做得好」的提醒，我實在不忍，也不好意思開口拒絕。那麼，既然答應了，就得盡全力應付。

　　猶記得當時與兩位編輯見面後，在回程的路上不住想，如果要寫一本純粹教寫作和教閱讀的工具書，讀起來可能感覺較「冷漠」，如果以分享如何在不同的主題中發掘寫作素材，不知會否較平易近人呢？

　　無論是下筆或是搜集資料的時候，我都一再回想，將日常的教學不斷反芻，奈何我也只能以我校的學生、日常與友校同工交流分享時得到的資訊或是到不同學校分享時蒐集到的提問為藍本。每每想到學生們有些能力較強，有些能力稍遜，有些沉迷閱讀醉心創作，也有些對寫作和閱讀興趣缺缺……平日與同學相處，發現最叫他們感苦惱的有時未必是文句、佈局、寫作技巧等，倒是在「寫甚麼」、「看甚麼」的骨節眼上已大傷腦筋。整合同學的需要和困難，大多表示「唔識寫」、「唔想睇書」，而且都不約而同說沒有靈感或寫作題材、詞彙不足、書太厚、文字太多……感謝他們坦誠的分享，促成了現在的書目內容梗概。

　　這一次的寫作經驗和之前的創作、出版完全不同，不僅因為寫作習慣和往日有點不同，時間較密集，更因為在那些持續的深宵或清晨

寫作時間裏，自覺是在無間斷的自我懷疑和不停的自我否定下完成此書稿的。即使書裏其中三十個主題我在教學和個人創作上都用過，但總想到實際經歷教曉我，哪怕是同一個教學設計、相同的閱讀材料和影視資訊，在不同班級運用時，效果也大相逕庭，是以每次都必須因應班級的特色略作調整，愈想愈覺得要顧及不同人的程度是巨大的、艱難的挑戰，愈寫愈擔心，擔心「兩頭唔到岸」……

雖說最初想過推卻，如今我卻非常感謝這次邀請的出現。如果沒有編輯的構思，沒有出版社提供機會，我大概不會自發挑戰自我，逼使自己作這方向的新嘗試。如果從未嘗試，根本不能明確感受到自己到底是享受？樂在其中？抑或苦惱難耐，度日如年？

現在試過了，或許我會形容成書過程苦不堪言，間或努力激勵自己苦中作樂，繼而嚐到先苦後甜的滋味，到得捧着全稿回首，笑中有淚。這一切經歷都難以抹去。同學們寫文章的時候，也有類此感受嗎？

我很幸運，總有家人作強大的支援和後盾，他們閱讀，或推介他人讀我的書的畫面，早已深深印在我心上，這無疑是最有力的，最無可取代的支持。而在寫作路上也遇到很多機會，很多願意給予我機會嘗試的人。我不會說編輯慧眼識英雄，因我自知並非英雄，但我深深感謝編輯具備慧眼，看到學生的需要和疑難。將我的作品編校、裁剪、設計成能夠吸引學生翻閱的書，編輯、出版團隊功不可沒。

文無定法，我們也不可能「一本通書睇到老」，衷心盼望此書能成為為學生提供參考、得到啟發的其中一本書。就算只是某一章節、某一段落、某個資訊……只要能引起學生的興趣，使他們願意提筆嘗試寫作，願意開闊閱讀的眼界，繼而培養閱讀和寫作的習慣，不論是以讀帶寫，或是由寫入讀，只要不再懼怕，不再抗拒讀寫，也算達成我在教學的遙遙長路上，曾經訂立的其中一個小小的目標了。

中學生

寫作力練成！

跟着「摵時」寫好文章

著者
游欣妮

責任編輯
周宛媚

裝幀設計
鍾啟善

排版
何秋雲

出版者
萬里機構出版有限公司
香港北角英皇道 499 號北角工業大廈 20 樓
電話：2564 7511　　傳真：2565 5539
電郵：info@wanlibk.com
網址：http://www.wanlibk.com
　　　http://www.facebook.com/wanlibk

發行者
香港聯合書刊物流有限公司
香港荃灣德士古道 220-248 號荃灣工業中心 16 樓
電話：2150 2100　　傳真：2407 3062
電郵：info@suplogistics.com.hk
網址：http://www.suplogistics.com.hk

承印者
美雅印刷製本有限公司
香港觀塘榮業街 6 號海濱工業大廈 4 樓 A 室

出版日期
二〇二一年九月第一次印刷
二〇二四年四月第二次印刷

規格
特 32 開（220 mm × 150 mm）